世界歴史選書

イスラームの国家と王権

世界歴史選書

イスラームの国家と王権

佐藤次高

岩波書店

目　次

プロローグ――国家と王権を問う意味

世界史を変えるイスラーム

いまイスラームの国家と王権について考えることに、どのような意味があるのだろうか。イスラーム研究の一般的理解にしたがえば、ムスリムにとっては、信者の共同体(ウンマ umma)こそが重要であって、世俗の国家は必要悪以上の意味をもたなかったといわれる。また、ムスリム社会は独自のネットワークをもつ商人の世界であって、彼らが生きる市場社会を考察の中心におけば、商人たちの日々の活動には国家の存在は必ずしも必要ではなかったのだとみなす考えもある。

しかし、はたして本当にそうだろうか。イスラームの国家や王権は、都市や農村社会の秩序を維持し、交易活動の安全を確保するうえで、それほど重要な役割を果たさなかったのだろうか。本書は、イスラームの国家と社会についての、このような素朴な疑問から出発する。

問題の核心に入る前に、まずイスラームが誕生したことの世界史的な意味を概括しておくことにしよう。七世紀はじめのアラビア半島に誕生したイスラーム al-Islām は、その後の世界史を大きく変える結果をもたらした。アラブ人ムスリムの大規模な征服活動によって、イランから北アフリカにいたる広大な領土がカリフ政権のもとに統一され、これにつづいて先住民の改宗によるイスラーム化の進展、さらにはムスリム商人の海外への進出などを契機にして、西アジア・インド洋・地中海世界の歴史は大きく転回しはじめる。

少し具体的にいえば、六四二年、ニハーワンドの敗戦によって、イスラーム勢力による攻撃の前にイランのササン朝国家(二二六―六五一年)は事実上崩壊した。さらにアラブ・ムスリム軍の進出によって、シリアから皇帝ヘラクレイオス(在位六一〇―六四一年)自らが率いるビザンツ軍が撤退し、同じ六四二年には、アレクサンドリア城塞の陥落によって、エジプト全土がメディナのカリフ政権の支配下に組みこまれた。こうして、強大な君主によって統治され、高度な文明を育んできた古代オリエント世界は消滅し、かわってメディナのカリフを主権者とする新しいイスラーム世界が出現したのである。

アラビア半島のメディナ、次いでシリアのダマスクスを首都とするイスラーム政権は、遠隔の都市をむすぶ交通路の整備とその安全の確保につとめた。これによって商人や職人の活動は着実に進展し、学問や技術にかんする情報の伝達も迅速に行われるようになった。八世紀頃になると、高度に発達した貨幣経済を基礎に、農民から徴収した地租(ハラージュ kharāj)収入を現金化して精密な年度予算を組み、これにもとづいて軍隊や官僚には現金の俸給(アターʿaṭāʾ)が支払われた。これをアター体制と呼ぶが、八―九世紀の段階でこのような現金俸給を支払う体制が実現したこと自体、驚くべきことといわなければならない。

イスラームの始祖ムハンマド(五七〇頃―六三二年)は、神(アッラーフ Allāh)の言葉を預かる預言者であると同時に、メディナに誕生した信者の共同体(ウンマ)を指導する政治的な支配者であった。ムハンマドは、アッラーフが唯一絶対の最高神であることを強調したが、一方では、アラブ社会に伝統的なジン(霊鬼)の存在を認め、また古くからつづいてきたカーバ神殿への巡礼(ハッジ ḥajj)の慣行を残すことも忘れなかった。多神教に代わる唯一神の新しい思想と教義が、このようなアラブの古い伝統と共存しているところに、後に民衆のイスラーム化を促す重要な契機がひそんでいたといえよう。

しかし、イスラームはアラブの血縁的な絆を否定し、すべてのムスリムは同胞としてひとつのウンマを形成すると説く。これは、ユダヤ教の神ヤハウェが選ばれたユダヤの民との間に特別な契約をむすぶとした選民思想と著しく対照的である。イスラームは、本質的に、アラブ人以外の諸民族に広く受け入れられていく、いわば「世界宗教」としての性格を備えていたのである。

イラン、イラク、シリア、エジプトなど先進の文明地域に進出したアラブ人ムスリムは、イラン文明、ギリシア文明、エジプト文明、インド文明など豊かな古代文明の遺産に接し、これらを熱心に学びとることによって、高度なイスラームの都市文明をつくりあげた。遠距離交易と農業生産による富は、ダマスクス、バグダード、コルドバなどの諸都市に集中され、これらの都市を舞台にしてイスラームの学問や文化活動が大きく華開いた。

しかし、豊かな生活を楽しみ、高度な文化を生み出すためには、国家をあずかる政権が安定し、社会秩序が充分に保たれていなければならなかった。たとえば、アッバース朝では、九世紀半ば頃まではカリフ権も強大であって、その首都バグダードの経済活動は隆盛の一途をたどった。ところが一〇世紀に入る頃から、カリフ権の衰えが顕著となり、マムルーク(奴隷軍人)軍閥の抗争や任俠・無頼の徒(アイヤール ʿayyār)の跳梁などによって、イラク各地の灌漑施設は破壊され、都市社会の秩序も急

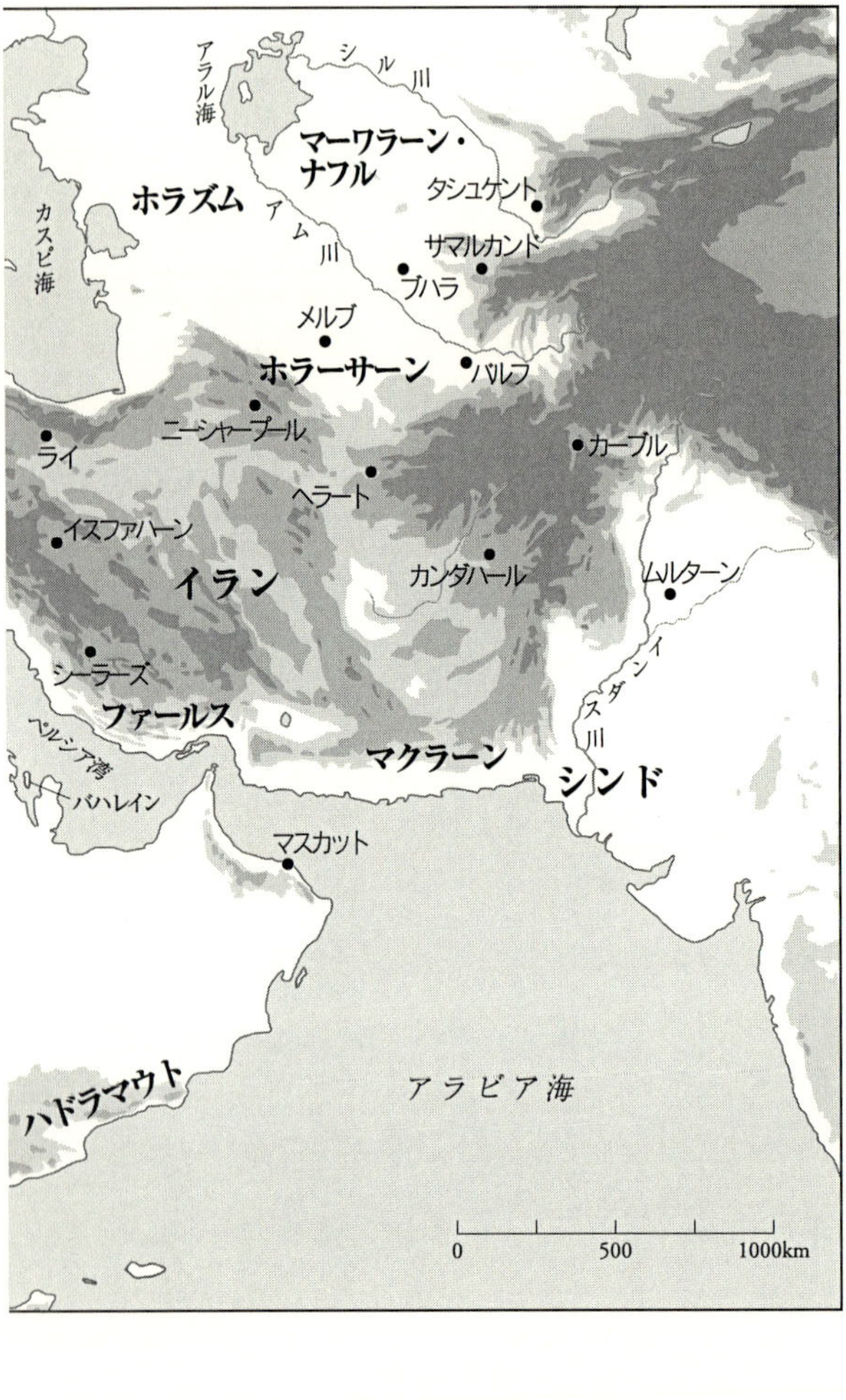
アラル海
シル川
マーワラーン・ナフル
ホラズム
カスピ海
アム川
タシュケント
サマルカンド
ブハラ
メルブ
ホラーサーン
バルフ
ニーシャープール
ライ
カーブル
ヘラート
イスファハーン
イラン
カンダハール
ムルターン
インダス川
シーラーズ
ファールス
ペルシア湾
マクラーン
シンド
バハレイン
マスカット
ハドラマウト
アラビア海
0
500
1000km

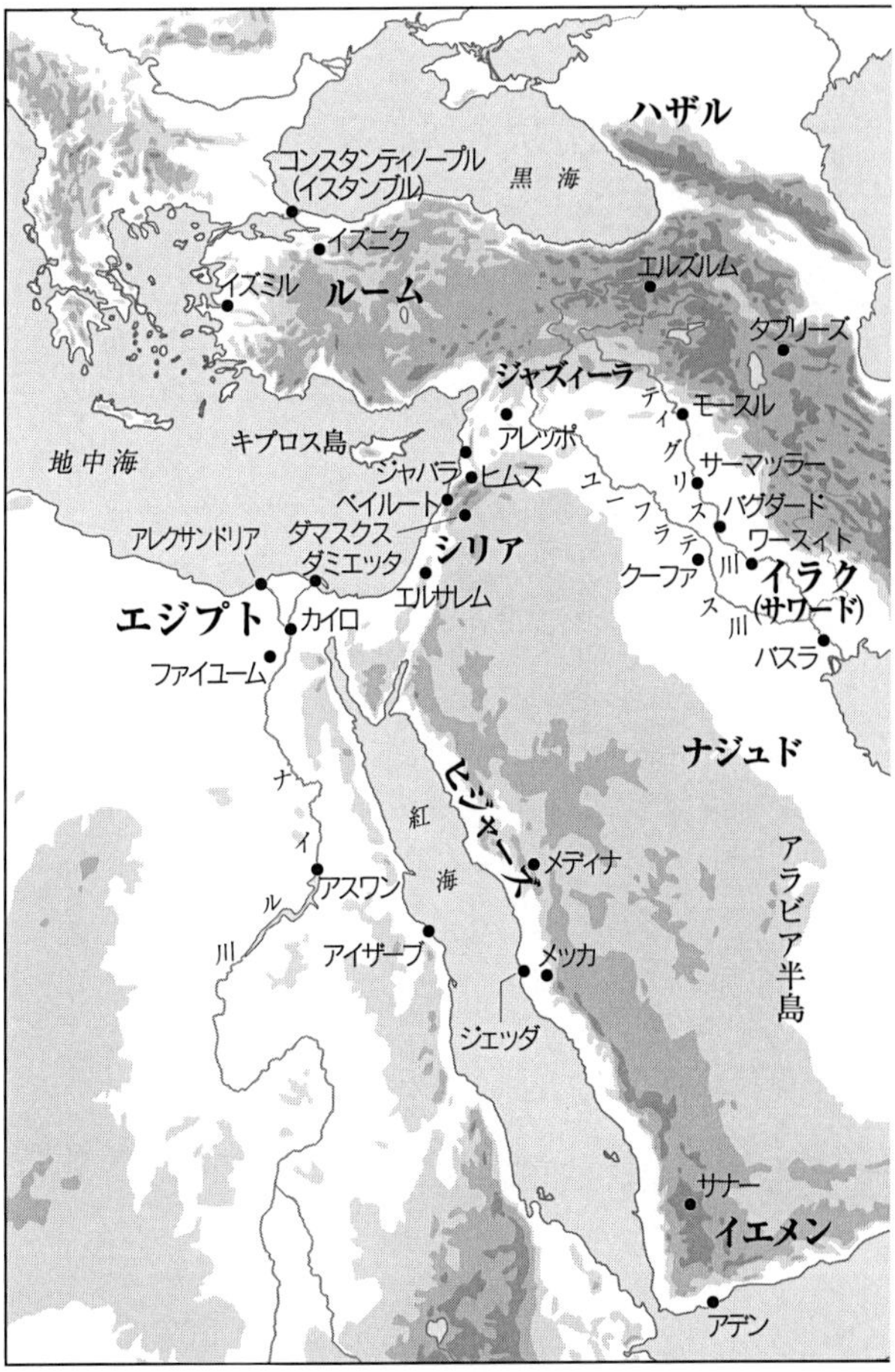

図1 西アジア・イスラーム世界

速に失われた（佐藤ほか、一九九四年、六三―一一六頁）。

このようなカリフ権の衰退と治安の悪化をもたらす要因はいったい何だったのだろうか。また逆に考えれば、それまでカリフの権威やムスリム社会の秩序はどのようにして保たれていたのだろうか。さらにムスリムの民衆や知識人（ウラマー ʿulamāʾ）は、カリフやスルタンなどの支配者に対して、どのような心情（共感と反発）を抱いていたのだろうか。これらの疑問に答えるためには、やはりイスラームの国家と王権の問題を、古代オリエントやビザンツとの比較も視野に入れたうえで、さまざまな角度から慎重に検討し直してみることが必要であると思う。

イスラーム国家論のゆらぎ

しかし、イスラーム国家についての議論は、現在、さまざまにゆらいでいる。アラブ・ムスリムによる大征服の結果、広大な領域を有するアラブ帝国としてのウマイヤ朝（六六一―七五〇年）が成立し、次いで革命運動によってイスラーム国家としてのアッバース朝（七五〇―一二五八年）が誕生したことはまぎれもない事実である。ただ世界史的にみた場合、これらの王朝はいったいどのような性格の国家だったのだろうか。また、そもそも近代的な意味での「国家」に相当するアラビア語やペルシア語のタームは存在したのだろうか。たしかに、いま私たちが使う「国家」にぴったり当てはまるアラビア語やペルシア語の用語はすぐには見あたらない。しかし、このことは逆にイスラーム国家が、世界史のなかでかなり特異な性格を帯びていたことを暗に示しているのだといえよう。そのユニークさの実態とその淵源を明らかにすることも、本書の主要な目的のひとつである。

六二二年、メッカの大商人による迫害を逃れてメディナに移住(ヒジュラ hijra)したムハンマドは、そこにムスリムを中心とする信者の共同体(ウンマ)を建設した。それから一〇年後、ムハンマドが没すると、初代カリフに選出されたアブー・バクル(在位六三二―六三四年)は、アラビア半島内のアラブ部族に対してシリア・イラクへの聖戦(ジハード jihād)を提唱し、大規模な征服活動を開始した。この征服活動にあたっては、征服地での改宗者の増大をはかるより、むしろ貢納の取得や租税の確実な徴収をはかることに統治の主眼がおかれていた。

しかし征服活動によってイスラーム世界の範囲が飛躍的に拡大し、現地での改宗者の数が徐々に増大するにつれて、ウンマの規模も着実にふくれあがっていった。ウマイヤ朝の滅亡時までは、イスラーム国家の領域とウンマの範囲とはほぼ一致していた。しかしアッバース朝が成立し、イベリア半島に独立の後ウマイヤ朝(七五六―一〇三一年)が興ると、国家とウンマの領域が一致する時代は終わりを告げることになったのである。

さらに九世紀はじめ以降、アッバース朝が分裂し、カリフの権威が衰えた後でも、ムスリムの知識人たちは、強い絆によって結ばれたウンマの統一とカリフ権の復権にわずかな望みを託しつづけた。彼らが、現実の国家論ではなく、イマーム imām (シーア派指導者の称号であると同時に、スンナ派カリフの別称)によって指導される、理想的なウンマの議論に情熱を傾けたのはそのためである。もちろんイマーム論はイスラーム国家論の重要な一部をなすが、イマームの資格や義務を論じるだけでは、いわゆる「国家論」を語ることにはならないであろう。イスラーム国家論のゆらぎは、このことにも由来している。

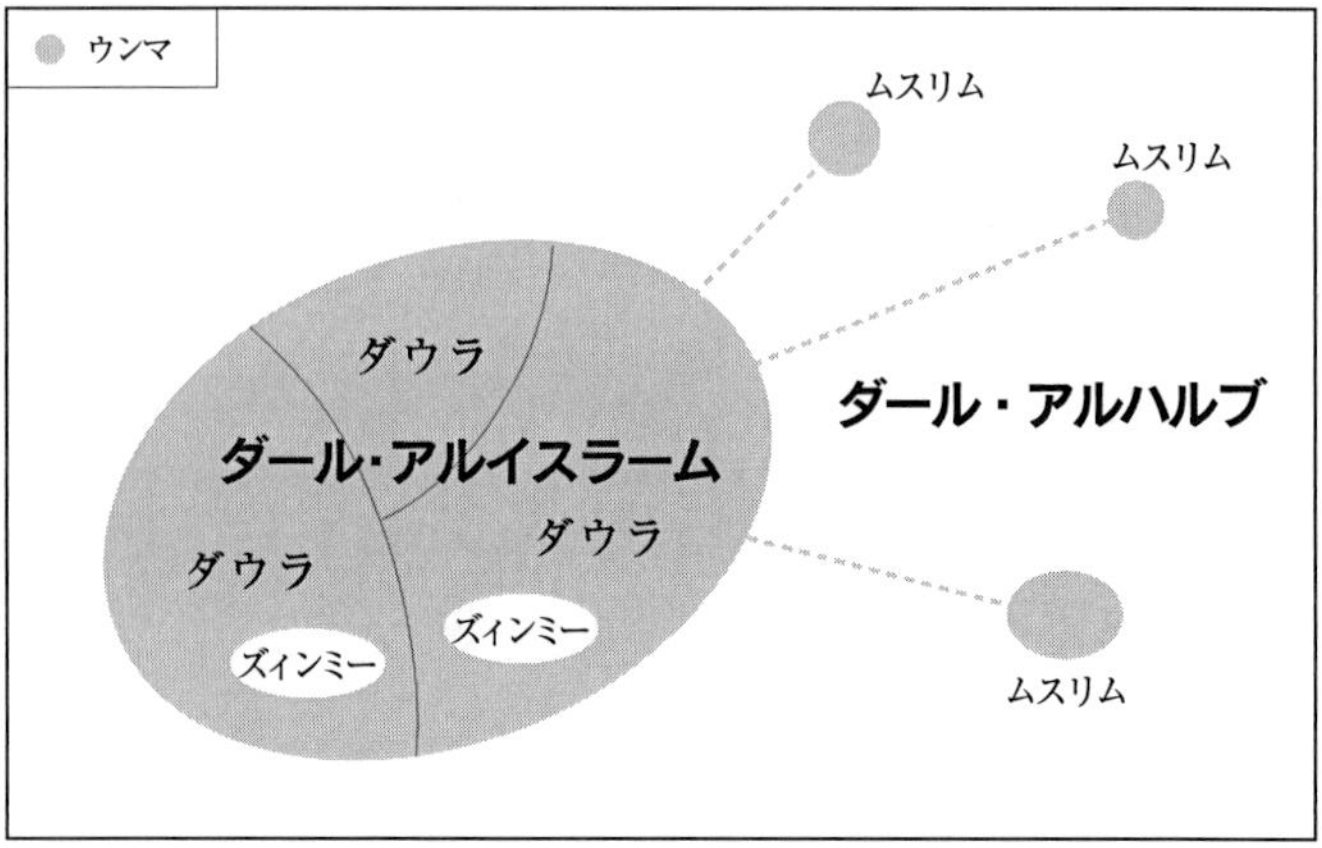

図 2　イスラームの境界論

さらにムスリムに固有な境界論にも、イスラーム国家論のゆらぎをもたらす原因がひそんでいた。イスラーム法（シャリーア sharīʿa）の規定によれば、世界はダール・アルイスラーム（イスラーム世界）とダール・アルハルブ（戦争の世界）とに区分される。ダール・アルイスラームは、すでにイスラーム法が施行されている地域であり、ムスリムとその支配を受け入れるズィンミー dhimmī（ユダヤ教徒やキリスト教徒などの「啓典の民」）によって構成される。いっぽう、ダール・アルハルブは、まだイスラーム法が施行されていない地域であって、異教徒との戦争（ジハード）の可能性がある地域とみなされる。

またダール・アルハルブのなかには、少数ではあっても、ムスリムが存在する可能性があり、彼らはウンマの構成員であるとの意識をもっている。つまり、理念的にいえば、ウンマの範囲はダール・アルイスラームの範囲を越えて広がっていることになる。したがって、ムスリムにとっての世界は、同心円的な三つの地域――(一)カリフやスルタンを戴くいちばん内側(もちろん中心という意味ではない)のイスラーム国家(ダウラ、後述)、(二)複数のイスラーム国家を含むダール・アルイスラーム、(三)ダール・アルハルブへと広がるウンマ――からなっていた(図2参照)。しかも、これら三つの地域の境界線は、その時々の政治情勢によってゆれ動いており、ここにもイスラーム国家を論ずるうえでの難しさがあるといえよう。

「国家と王権」論への視座

イスラーム国家を「ムスリムの支配者がイスラーム法にもとづいて統治する体制」と定義することも可能であろう(佐藤、一九九九年a、六頁)。しかし、本書では「カリフあるいはスルタンの支配権を承認するムスリムとそれに服するズィンミーの集合体」と考えることにしたい。くわしくは以下の本論で述べるが、この定義がイスラーム国家の本質をもっともよく表していると思うからである。

それでは、イスラーム国家をこのように定義した場合、現実のイスラーム国家は何を中心にして論ずるべきであろうか。現代に注目すれば、二〇世紀はじめ以降、中東・イスラーム世界には、「サウディ・アラビア王国」al-Mamlakat al-ʻArabīyat al-Suʻūdiya、「アラブ・エジプト共和国」al-Jumhūriya Miṣr al-ʻArabīya、「アラブ首長国連邦」Dawlat al-Imārāt al-ʻArabīya など、さまざまな名称の国家が樹立された。前近代のイスラーム世界では、王朝や国家は「ダウラ」dawla と表現され、その領土的広がりを含む王国は「マムラカ」mamlaka と呼ばれるのが一般的であった。右の例示から明らかなように、中東の世界では、これらの伝統的な呼称が現代国家の名称にもそのまま適用されてきたことになる。

ただ、後にくわしく述べるように、王朝・国家としての「ダウラ」の観念が成立するのは、八世紀半ばすぎのことであった。つまり、正統カリフ時代(六三二―六六一年)の国家やウマイヤ朝政権が、当時の人びとからダウラの名で呼ばれることは、現実にはなかったことになる。しかし、アッバース朝時代から近代にいたるイスラームの歴史のなかで、ダウラの時代がもっとも長くつづき、諸ダウラの支配する地域がもっとも広大であったことは疑いのない事実である。このような現実をふまえたうえで、本書では、ムハンマド時代にまでさかのぼってイスラーム国家の原初形態を探り、それ以後一六世紀初頭にいたるまでの国家と王権の変容を、ダウラを中心にして検討してみようと思う。

読者のなかには、ダウラはあくまでも王朝や支配者集団をさす用語であって、カリフ権を承認するムスリムとそれに服するズィンミーの集合体を意味するものではないと考える人もあるかもしれない。しかし本書では、私はダウラをあえて、支配者集団とムスリムおよびズィンミーの集合体との双方を含むものと規定し、そこから新しいイスラームの国家像を模索してみたいと思う。

いっぽう、ムスリムの知識人(ウラマー)のなかには、カリフ権と王権(ムルク mulk)を区別し、カリフが法を逸脱して悪政を行えば、その権威は王権へと堕落するとみなす者があった(ローゼンタール、一九七一年、三七頁)。しかしタバリー(八三九―九二三年)は、『使徒たちと諸王の歴史』の冒頭で、

私が本書でその事績を記すのは、主による創造から現代(九―一〇世紀)にいたるまでの諸王(ムルーク)、つまり神の使徒(ラスール)、あるいは王(マリク)、あるいはカリフ(ハリーファ)たちのことである(タバリー『使徒たちと諸王の歴史』I, p.5)。

と述べている。この規定によれば、カリフも王の範囲のうちに含まれることになる。私もこれにした

がって、カリフやスルタン、あるいはシャーの権限をすべて「王権」として扱うことにしたい(佐藤、一九九九年a、二三五—二三八頁)。後述するように、スルタンやシャーはむろんのこと、カリフでさえも、ムハンマドがもっていた宗教的な権限はいっさい与えられていなかったからである。

以上のように、本書では、国家としてはダウラと補助的にマムラカ(王国)を、王権としてはカリフやスルタン、あるいはシャーをとりあげてみることにしたい。これらに、先のウンマ(共同体)やダール・アルイスラーム(イスラーム世界)の問題をからめることによって、イスラームの国家と王権について総合的な議論を展開できるのではないかと考えている。具体的には、七世紀から一六世紀までの歴史を、初期イスラーム時代(七—一〇世紀頃まで)と後期イスラーム時代(一〇—一六世紀はじめ)に区分したうえで、イスラーム国家の成立と展開、王権の歴史的変容、国家と社会のしくみなどを多角的に検討する。さらに、ふたつの時代を勘案しながら、王権儀礼とムスリム社会の慣行の問題に関連して、支配の正当性、権威の承認の仕方、権力の象徴と宗教・社会儀礼との関係などをとりあげることになるであろう。

イスラームの国家と王権についてのこのような議論は、九世紀以降のムスリム知識人(ウラマー)が唱えてきたイマーム論や統治論とはかなり異質なものとなるはずである。しかし、ウラマーによる議論をふまえたうえで、そろそろ歴史の現実にもとづくイスラームの国家論、王権論があってもいいのではないだろうか。イスラーム史の分野では、商人や知識人の緊密な結びつきを強調するネットワーク論、あるいは自由な取引を基本にしてムスリム社会を分析する市場社会論などによって、イスラームの社会や経済の特徴を描き出す試みがさかんに行われている(たとえば家島、一九九一年。加藤、一九九五年。三浦、一九九七年)。

もちろんこのようなネットワーク論や市場論も、ムスリム社会の特徴を理解するうえで重要な意味をもつことは疑いないであろう。しかしイスラームの国家と王権の問題をあいまいにしたままでの議論には、一面的なイスラーム理解に陥る危険性もひそんでいるように思われる。R・S・ハンフリーズが述べるように、そもそもネットワーク論を含む社会機能論は、歴史の変化や発展を扱うのには、いささか不向きな方法論だといわなければならない(Humphreys, 1977, p.246)。また町の市場(スーク、バーザール)についてみても、商人や職人の自由な活動だけに力点をおくのではなく、国家による市場の保護と統制、あるいはカリフやスルタンと商人あるいは商人組織との微妙な関係を探るところに、イスラームの歴史を立体的に理解するための「重要な鍵」が隠されているに違いないからである。

第一章　初期イスラーム時代の国家と王権

1　初期イスラーム国家の見方

ウンマとジャマーア

コーランには、「もともと人間はひとつの民族（ウンマ）であったが、やがて種々に分裂した」（第一〇章一九節）、あるいは「あなたがたのこのウンマこそが、唯一のウンマ（信徒の共同体）である」（第二一章九二節）と記されている。これらの章句によれば、ウンマとは元来さまざまな民族や信徒の集団などをさす用語であり、ムハンマドを通じてアラブ人のウンマに下されたのが、正しい教えとしてのイスラームであったことになる。

富の獲得を第一とする大商人たちの迫害を受け、メッカの多神教徒と決別したムハンマドは、六二二年九月、メッカからメディナに移住(ヒジュラ)し、そこに新しい期待をこめて「イスラーム共同体」Umma Islāmiya を建設した。ただイスラーム共同体とはいっても、建設当初のウンマには、一〇〇名ほどの移住者(ムハージルーン)とメディナ在住の援助者(アンサール)とからなるムスリム以外に、農業に従事するかなりの数のユダヤ教徒(ヤフーディー)を含んでいた。しかし、これらのユダヤ教徒は、旧約聖書をろくに知らないムハンマドを軽蔑し、事あるごとに敵対的な行動をしかけてきた。ムハンマドがユダヤ教徒をメディナから追放し、ウンマの浄化、つまり共同体の構成員をムスリムだけに限る政策を実行したのは、六二四年、バドルの戦いで、メッカのクライシュ族に対する最初の勝利を収めてからのことであった(藤本、一九七一年、一三七―一八二頁)。

六三〇年、ムハンマドは約一万の軍勢を率いて聖地メッカに無血入城を果たした。これを契機に、預言者としてのムハンマドの名声は、アラビア半島のすみずみにまで行き渡るようになった。ヒジュラ暦九年(西暦六三〇年四月―六三一年四月)は「遣使の年」とよばれる。それは、この年を中心に半島各地のアラブ部族や氏族、あるいはその一部が、つぎつぎとメディナに使節(ワフド)を派遣し、ムハンマドから安全保障(ズィンマ)をえる見返りに、ある者はイスラームを受け入れ、ある者は税の納入を約束して、その権威を承認したからである。

いずれにせよ、これらの盟約(アフド ʿahd)の締結によって、ウンマを統率する預言者ムハンマドがアラビア半島のほぼ全域をゆるやかに統合する体制ができあがった。預言者個人とこれら使節との間の盟約によって成立したこの新体制を、イスラーム国家の原初形態とみなすことにおそらく誰しも異論はないであろう。

嶋田襄平は、ムハンマドと盟約を結び、生命と財産の安全を保障された人びとの政治構成体を、「のちにイスラム国家を意味する言葉になったジャマーア jamā́a とよぶ」と述べている(嶋田、一九七七年、四〇頁)。現実には、アラブの大部族が大挙してこのジャマーアに参加したのではなく、ムハンマドと個々に契約を結んだのは、むしろ小規模な集団や家族、あるいはアラビア半島南部のヒムヤルやハドラマウトなどの地方君主であった。そして嶋田の見解によれば、「マホメットを中心とするウンマとジャマーアとの同心円的二重構造こそ、イスラム国家の原初形態の最もいちじるしい特徴であった」(嶋田、一九七七年、四三頁)ことになる。

最初期のイスラーム国家が、ウンマとジャマーアの二重構造をもっていたことについては、私にも異論はない。しかしジャマーアは、本当に、やがてイスラーム国家を意味するようになったのであろうか。ジャマーアとは、文字通りには、人間のグループや共同体を意味するアラビア語である。アッバース朝時代になってから登場するウラマー(知識人)の多くは、このジャマーアをイスラームの信仰によって結ばれた信者の集合体とみなしてきた。それゆえジャマーアはしばしばウンマと同義に用いられるが、ウンマは、別名「神の党」(ヒズブ・アッラーフ hizb Allāh)と呼ばれるように、宗教や法を基礎にした共同体であった。これに対して、一般にスンナ派のムスリムが「スンナとジャマーアの人びと」(アフル・アッスンナ・ワルジャマーア ahl al-sunnna wal-jamā́a)と呼ばれるように、ジャマーアはスンナ(預言者の言行)にもとづく諸慣行を大切にする信者の集合体としての性格を備えていた。

いずれにせよ、ウンマもジャマーアもムスリムの集合体であって、そこにはユダヤ教徒やキリスト教徒などの異教徒は含まれていないことに注意しなければならない。もちろん現実のイスラーム国家には、ムスリム以外の異教徒が数多く生活している。先に述べたダウラの概念にはムスリムのほかにズィンミー（庇護民）も含まれているが、ジャマーアはあくまでもムスリムだけの集合体を意味している。この点で、「ジャマーアが後に権力体としてのイスラーム国家を意味するようになった」とみなすことには、かなりの無理があるように思われる。現に、一〇世紀以降のアラビア語史料のなかで、イスラーム国家を意味するジャマーアの用例はほとんど見あたらないのである。

カリフの選出

六三二年六月、ムハンマドは後継者を指名しないままメディナで没した。ウマルをはじめとする信者たちの間には、預言者の死を信ずることができず、「ムハンマドは一時主のもとへ行っただけであって、モーセと同じように、四〇日後にはきっと戻ってくるにちがいない」と主張する者もあった。しかし長老のアブー・バクルは、次のように述べて信者たちの説得に当たったと伝えられる。

皆の衆よ、たとえ誰がムハンマドを崇めようと、彼はたしかに死んだのだ。しかし、神を崇める人びとにとって、神は生きており、死滅することはない。ムハンマドは、神の使徒以外の何者でもなく、彼に先立って何人もの使徒が死んだのだ（イブン・イスハーク『ムハマンド伝』p.683）。

この言葉によって、信者たちの動揺はようやく収まったが、しかし、偉大な預言者の後を継いで、誰が信者たちを統率すべきなのか。ムハンマドの死後、新生のウンマが直面した最大の課題がこの後継者問題であったといえよう。

問題はアンサール（援助者）とムハージルーン（移住者）の反目であった。メディナのアンサールたちは、日頃からムハージルーンを蔭で支える立場にあることを不満に思っていた。ムハンマドが没すると、アンサールたちはいち早く独自の集会を開き、後継者はアンサールのなかから選ばれるべきだと主張した。これに対し、アブー・バクルやウマルなどムハージルーンの長老たちは彼らの説得に努め、その結果、早くから預言者と行動を共にしてきた、クライシュ族出身の長老アブー・バクルが後継者に選出された。六三二年六月八日、ムハンマドが没したその日のうちに後継者が決まると、ウマルに続いて集会に参加していたアンサールによる「忠誠の誓い」（バイア bayʻa）が行われ、翌日、改めてムハージルーンを含むメディナの全ムスリムによるバイアが行われた。イスラーム史における初代カリフ（在位六三二―六三四年）の誕生である。

このときアブー・バクルは、周囲の人びとから「神の使徒の後継者」（ハリーファ・ラスール・アッラーフ khalīfa Rasūl Allāh）と呼ばれた。その略称であるハリーファが、後のヨーロッパで訛ったのがカリフである。なお、このとき新カリフの承認に用いられたバイアの儀礼とは、もともと商取引が成立したとき、双方の商人が互いに手を打ち合わせるアラブの古い習慣を意味していた。後にくわしく述べるように、これ以後イスラーム史のなかでは、バイアの儀式によって新しいカリフやスルタンの権威を承認することが一般化していく。

イブン・イスハーク（七〇四頃―七六七年頃）の『ムハンマド伝』によれば、初代カリフに就任したアブー・バクルは、メディナのムスリムに向けて次のように語りかけたという。

私はあなたがたの指導者とされたが、私があなたがたのなかでもっとも優れているわけではない。もし私のすることが正しければ、私を助けてください。もし私のすることが間違っていれば、私を正しい道に導いてください。真理は忠誠のなかにあり、虚偽は裏切りのなかにあります。あなたがたのうちの弱い者も、もし私が神の思し召しに従ってその人の権利を守れば、強くなるし、また強い者も、その権利をもぎとってしまえば、弱くなります。もし人びとが神の道において戦うこと(ジハード)を止めるならば、神は怒ってそのような者を打ちのめし給うでしょう。不正が人びとの間にはびこってはならず、もしそうなれば彼らにはただちに神罰が下るでしょう。私が神と神の使徒に従う限り、あなたがたも私に従ってください。もし私が彼らに従わないのなら、あなたがたも私に従う必要はありません(イブン・イスハーク『ムハンマド伝』p.687)。

ここには、さまざまなメッセージが込められている。第一はカリフとムスリムとの平等性の主張であり、第二は異教徒に対する戦い、つまりジハードの必要性の強調である。また第三に神と神の使徒の規範(スンナ)に従うことの明確な意志表示である。いずれにせよ、ここではムスリムたちに命令を下す強大なカリフ権ではなく、彼らを統率するいわばリーダー的なカリフ権の性格が際だっている。

ムハンマドは、神の言葉を預かる預言者としての宗教的な権限と、ムスリムの集合体であるウンマを統率する政治的な権限とをあわせもっていた。この二つの権限のうち、アブー・バクルが第二の政治的権限だけを継承したことは明らかである。コーランの解釈やイスラーム法(シャリーア)の体系化、あるいは裁判権の行使などは、国家の主権者(神とムスリムの双方から権限を委託された者)であるカリフではなく、イスラーム諸学を修めたウラマーにゆだねられたことが、イスラームの国家と社会の著しい特徴であろう。

強大化するカリフ権

しかしムハンマドの後継者が選出されてまもなく、ウンマには重大な危機が訪れた。半島各地のアラブ人は、盟約はムハンマド個人と交わしたのであるから、その死によって盟約は解消したものとみなして、ウンマからつぎつぎと離反（リッダ ridda）しはじめたのである。この離反は、誕生して間もないイスラーム国家を解体させかねない危険な要素をはらんでいた。とくにナジュド高原南部のヤマーマ地方では、ハニーファ部族のムサイリマ（六三三年没）が自ら預言者を称し、これらの離反者を糾合して活発な反ムスリム運動を展開しつつあった。ムスリム側はムサイリマを「偽預言者」（カッザーブ、「大うそつき」の意味）と呼ぶが、彼自身はメディナの共同体や東方のササン朝に対抗して、ヤマーマに独自の政権を樹立しようともくろんでいた。

リッダ平定の仕方について、メディナの有力者の間にはとまどいも見られたが、アブー・バクルは断固とした平定の方針をつらぬいた。討伐軍の指揮官に任命されたハーリド・ブン・アルワリード（六四二年没）は、ヤマーマに軍を進め、激戦の末にムサイリマと多数の離反者を殺害した。この後リッダの平定は順調に進み、一年以内のうちに、半島内のアラブはふたたびウンマへの帰属を表明するにいたった。H・ケネディによれば、リッダの平定が成功したのは、メッカやメディナなど都市在住のムスリムが最後までカリフ支持の態度を崩さなかったからであるという（Kennedy, 1986, p.56）。

リッダを平定したアブー・バクルは、この作戦に参加したアラブの軍勢をシリアやイラク方面への遠征にふり向けた。歴史家バラーズリー（八九二年頃没）は、シリア遠征を促すアブー・バクルの言葉を次のように伝えている。

彼はメッカ、ターイフ、ヤマンの民、およびナジュドとヒジャーズの総てのアラブに手紙を送って聖戦（ジハード）を呼びかけ、彼らにそれ〔聖戦の功徳〕を鼓吹し、またローマ〔ギリシア＝ビザンツ〕の〔素晴らしい〕戦利品〔の獲得〕を促した。すると〔多くの〕人びとが、〔来世での報酬に対する〕期待と〔戦利品への〕貪欲さから、彼〔アブー・バクル〕のもとへ急いだ（花田宇秋訳『諸国征服史』七、一七二頁）。

ここに記されているのは、あくまでも聖戦への「呼びかけ」あるいはその功徳の「鼓吹」であって、一方的な「命令」ではないことに注意していただきたい。先に述べたように、この時代のカリフは、まだ「信者のリーダー」としての性格を強く残しており、全アラブに対して軍事行動を命ずるほどの強大な権限は保持していなかったのである。

いずれにせよ大征服の開始後は、戦利品（ガニーマ ghanīma）獲得のための戦いは、神の道のための「聖戦」として位置づけられるようになった。各地の征服は順調に進み、六三五年にはシリアの首邑ダマスクスを手中に収め、六三七年にはササン朝の首都クテシフォンを攻略、また六四一年にはビザンツ帝国によるエジプト支配の要バビロン城を陥落させた。コーランには、「戦争で獲得したものは、何であれ、五分の一はアッラーフと使徒、そして近親者、孤児、貧者、旅人に属することを知れ」（第八章四一節）とある。これは、バドルの戦い（六二四年）に勝利を収めた後に下された啓示であるが、この章句にもとづいて、戦利品の五分の一はメディナのカリフに送付し、残りの五分の四を戦いに参加した戦士たちの間で分配することが慣例となった。

こうしてイスラームの支配が急速に拡大し、戦利品の五分の一がメディナに集中するようになると、

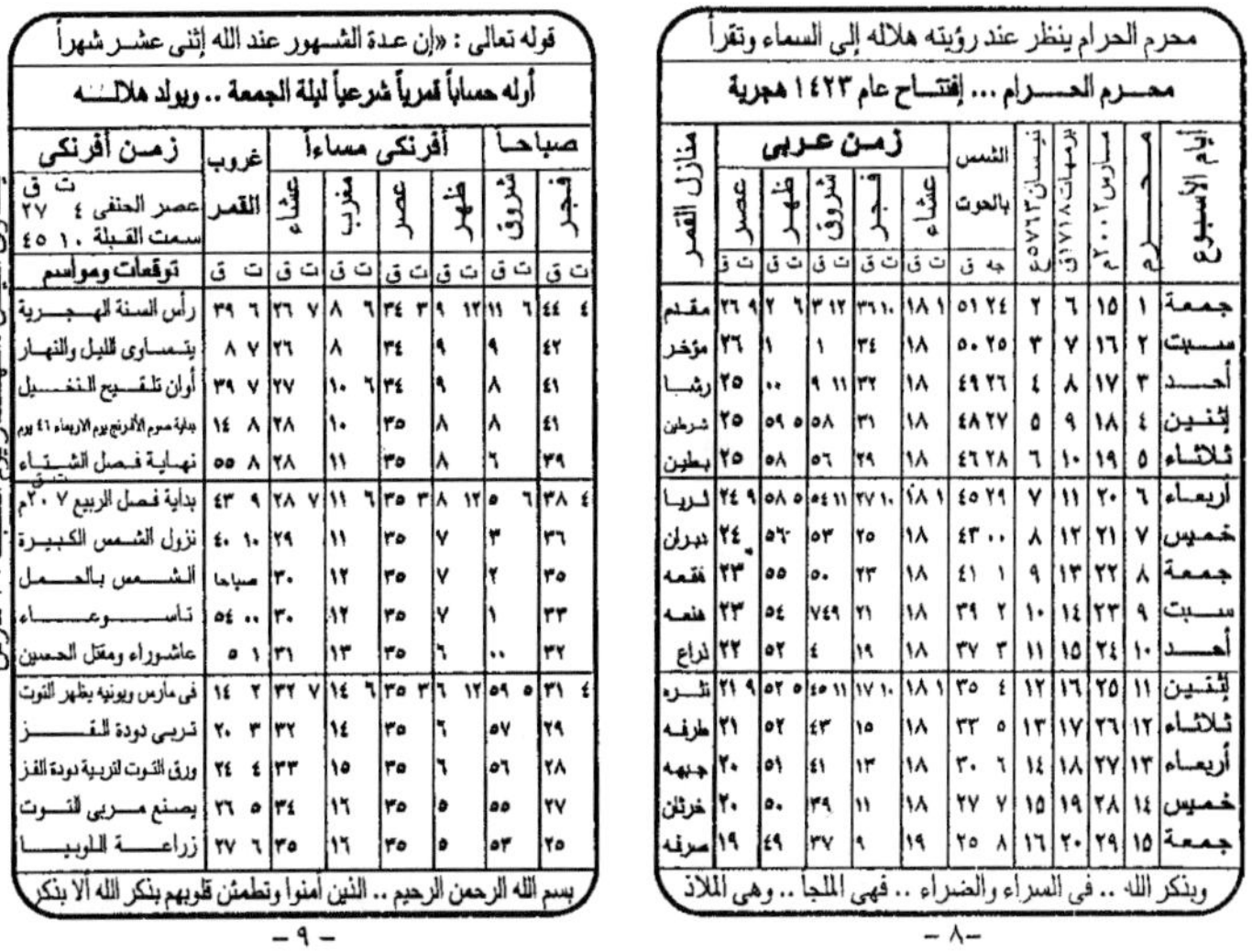

図 3 現代エジプトの暦．右頁の右端から曜日，ヒジュラ暦，西暦，コプト暦，ユダヤ暦の日付と，礼拝の時刻などが記されている．左頁の左端の文章は，その日に行うべき農作業や恒例の行事を示す．

カリフの権限は自然と強大化し、また広大な領土を統治するためにも、新しい制度と組織の確立が必要になった。この必要性を充分に理解していたのが、第二代カリフに就任したウマル（在位六三四―六四四年）である。ウマルによる第一の改革は、戦利品の分配に代えて俸給の授与を開始したことである。彼は征服地に向けて徴税官を派遣し、各地から集めた貢納や租税を基礎にして、アラブ戦士への現金俸給（アター）と家族に対する穀物などの現物給与（リズク）とを支払うことを定めた（嶋田、一九七七年、六三頁）。この業務を統括したのが、メディナ政府内に設置された官庁（ディーワーン dīwān）であり、これ以後、現実の必要に応じて、租税庁（ディーワーン・アルハラージュ）、文書庁（ディーワーン・アッラサーイル）、軍務庁（ディーワーン・アルジヤイシュ)などの諸官庁が増設されていく。

改革の第二は、ヒジュラ暦の制定(六三八年)である。当時のアラビア半島では、月名は用いられていたが、古代オリエントの場合(前田、二〇〇三年、四三―四五頁)と同じく、重要事件を年の名とする以外に年を数える基準がなく、各地の徴税官から送られてくる報告書にも年数が記されていなかった。ビールーニー(九七三―一〇五〇年以後)の『過ぎ去った世代の遺産』によれば、

カリフ・ウマルのもとに、シャーバーン月とだけ記された文書がまわってきた。ウマルは、「これはどの年のシャーバーン月なのか」と問い、集まってきた預言者の教友たちに、「とき」についての混乱をなくすよう指示した(p.29)。

この不便を解消するために、ウマルは暦の制定を命じ、これにもとづいてムハンマドがヒジュラした年の一月一日(西暦六二二年七月一六日)を元年一月一日とするヒジュラ暦が定められた。ヒジュラ暦は閏月を入れない純粋な太陰暦であるが、これによって公文書の日付や出来事の年月日は正確に記されるようになった。また暦の制定は、故郷を離れて征服地に移り住んだアラブ戦士とその家族が征服活動の年代を正しく知り、それによって自らのアイデンティティを確かめるうえでも重要な意味をもったのである(佐藤、一九九九年b、二五一―二五三頁)。

カリフ・信徒の長・イマーム

ここで、初期イスラーム時代に用いられたカリフの三つの称号をまとめておくことにしよう。まず、アブー・バクルが「神の使徒の後継者」としてハリーファ・ラスール・アッラーフと呼ばれたことは

すでに述べた。スンナ派の知識人は、コーランにある「そなたの主は、天使に向かって、「私は地上に代理人（ハリーファ）を派遣しよう」といわれた」（第二章三〇節）の章句を論拠にして、カリフ制を正当化し、神聖化しようと試みた（al-Azmeh, 1997, p.154）。もちろん現実には、この章句を基礎にハリーファ・ラスール・アッラーフの称号が採用されたとは考えられないが、ハリーファのヨーロッパ訛りであるカリフは、前述のように預言者がもっていた宗教的な権限と世俗的な権限のうち、世俗的な権限だけを継承したことになる。

なお、スンナ派のムスリムは、初期の四人のカリフ、アブー・バクル、ウマル、ウスマーン、アリーを、神によって正しく導かれたカリフたちという意味で、「正統カリフ」al-Khulafā' al-Rāshidūn と呼ぶ。嶋田によれば、正統カリフという意味でのフラファー・アッラーシドゥーンの用法が確立するのは、エジプトの歴史家スユーティー（一五〇五年没）が『カリフ史』を書く頃のことであった（嶋田、一九七七年、七四頁）。しかし正統カリフの呼称が定着するのは、実際には一〇世紀前後までさかのぼるようであり、たとえば思想家ガザーリー（一〇五八―一一一一年）の『信仰における節制の書』*Kitāb al-Iqtiṣād* のなかには、正統カリフの意味でのフラファー・アッラーシドゥーンの語が登場する（ローゼンタール、一九七一年、五六頁）。

ハリーファの呼称の原理に従って、第二代カリフのウマルは、「神の使徒の後継者の後継者」ハリーファ・ハリーファ・ラスール・アッラーフと呼ばれた。しかし、これはあまりにも煩わしい呼称であった。そのためウマルはこれを略してハリーファとだけ称したが、この他にウマルははじめて「信徒の長」（アミール・アルムーミニーン amīr al-mu'minīn）の称号を用いたカリフとして知られる。アミールは軍司令官の意味であったから、この称号は、アブー・バクルの政策を継承して、イラク・イラン・シリア・エジプトでの征服活動を積極的に押し進めたカリフ・ウマルにふさわしい称号であったといえよう。

これ以後、公の文書や政治論の書では、この勇ましいアミール・アルムーミニーンの称号が好んで用いられるようになった。たとえば、カリフ、ハールーン・アッラシード（在位七八六―八〇九年）の政治顧問をつとめたアブー・ユースフ（七三一―七九八年）は、『租税の書』の冒頭で、「これは、アブー・ユースフが信徒の長であるハールーン・アッラシードにあててしたためた書物である」と記している。つまりアミール・アルムーミニーンは、ウンマの防衛と拡大に責任をもつ、軍事的指導者としてのカリフの性格を強調した称号だったのである。

プロローグでも述べたように、カリフはまたイマーム imām とも呼ばれた。コーランには、「「私はそなた（イブラーヒーム）を人びとのイマーム（指導者）としよう」と、主はいわれた」（第二章一二四節）、あるいは「主よ、心のなぐさめとなる妻と子孫を私たちに与え、私たちを主を畏れる者のイマーム（模範）にしてください」（第二五章七四節）と記されている。これらの用例から明らかなように、コーランでは、イマームは指導者や模範、あるいは規範の意味に用いられている。これから転じてモスクでの礼拝（サラート）の指導者もイマームと呼ばれるようになるが、スンナ派の法学者や政治思想家は、イマームをカリフと同義に用いて活発なイマーム論を展開した。またシーア派では、イマームは教義決定権と立法権をもつ最高の指導者であるが、これについては後述する。

アミール・アルムーミニーンが軍事的指導者の性格を強調した称号であったのに対して、カリフと同義に使われる場合のイマームは、礼拝その他の行事を主宰する宗教指導者の面が強調された。ムハンマド自身がイマームを称することはなかったが、メディナのモスクでの礼拝の指導が、預言者の重要な職務であったことは疑いないであろう。ムハンマドが死の床についたとき、アブー・バクルが彼に代わって礼拝の指揮をとるように命じられたことが、そのことを端的に物語っている(Arnold, 1924, pp.29-36)。

2 「イスラーム帝国」再考

ウマイヤ朝国家とカリフ権

シリア総督のムアーウィヤ(六八〇年没)は、第四代カリフ・アリー(在位六五六―六六一年)がまだ存命中の六六〇年に、エルサレムで自らカリフたることを宣言した。翌年アリーがクーファでハワーリジュ派の刺客に暗殺されると(後述)、ムアーウィヤはダマスクスで有力ムスリムたちのバイア(忠誠の誓い)を受け、正式なカリフとして承認された。これが、ダマスクスに都をおくウマイヤ朝(六六一―七五〇年)のはじまりである。ムアーウィヤと対立していた「アリーの党派」(シーア・アリー Shī'a 'Alī、後のシーア派)は、新政権の正統性を頑強に否定したが、ウマイヤ朝はこれ以後およそ一世紀にわたって、広大なイスラーム世界の統治権を掌握しつづけた。

シーア派の知識人は、ムアーウィヤのムスリムとしての信仰心を疑い、彼はうわべだけのムスリムであると非難する。いっぽう地元シリアの歴史家は、彼は善良なムスリムであったと賞賛し、評価はふたつに分かれている。さらにムアーウィヤに対する非難は、カリフ権のありかたにも向けられた。たとえば、シーア派の歴史家ヤークービー(八九七年没)は、次のように述べる。

ムアーウィヤは、イスラーム史上はじめて見張り(ハラス)、警察(シュルタ)、門番(バッワーブ)をおいた人物である。〔玉座に〕帳(ストゥール sutūr)をおろし、キリスト教徒に書記の仕事を依頼し、眼前を警護の役人が槍をもって歩いた。彼は〔ムスリムの〕俸給から救貧税(ザカート)を徴収し、玉座(サリール sarīr)に座り、臣民を見下したのである(『ヤークービーの歴史』II, p.232)。

前述のように、アブー・バクルをはじめとする初期の正統カリフは、信者たちと親しく交わるいわば「仲間うちのリーダー」であった。これに対してムアーウィヤは、帳《とばり》をおろした玉座に座り、警護の役人をおいて、臣下を容易に近づけようとしないカリフとして振る舞ったのである。つまりムアーウィヤは、イスラーム史上はじめて「王権を飾った君主」として非難されたことになる。しかしカリフ・ウスマーン(在位六四四―六五六年)やアリーの暗殺が相次ぎ、またカリフ権が強大になったことを考えれば、ムアーウィヤがとった措置はごく自然のなりゆきであったといえよう。

ムアーウィヤが力によって政権を簒奪したことに対して、シーア派ムスリムからはくり返し異議申し立てがなされた。しかしウマイヤ朝政権は、まもなく多数派であるスンナ派ムスリムによるおおかたの合意を獲得することに成功した。その根拠は何であったのか。一言でいえば、ムアーウィヤは共同体(ジャマーア)の団結を守るために、預言者の言行(スンナ)にもとづく政治の実行を表明し、それがシリア在住のアラブ・ムスリムに受け入れられたのである。その意味で、ムアーウィヤが即位後まもなくイラクを併合したヒジュラ暦四一年(西暦六六一／二年)が、「ジャマーア統一の年」sanat al-jamāʿa と呼ばれたのは意義深いことといわなければならない(Wellhausen, 1963, p.111)。

このウマイヤ朝政権のもとで、アラブ人地主には特権が与えられ、彼らは収穫の十分の一(ウシュル ʿushr)だけを納めればよく、なかにはウシュルさえ支払わない者もあった。これに対して異教徒の農民には、収穫のほぼ半分に相当する地租(ハラージュ kharāj)と現金による人頭税(ジズヤ jizya)の納入が義務づけられた。このように差別されたイラン・イラクの農民たちは、イスラームに改宗すれば、自分たちも当然アラブ・ムスリムと同等の権利を享受できるはずだと考えた。七世紀末以降、かなりの数の農民たちが土地を捨てて近隣の都市へと流れ込み、有力なアラブ人の庇護をえてイスラームに改宗した。これら非アラブ出身の新改宗者をマワーリー mawālī という。

土地を捨てて都市に流入するマワーリーの増大は、国庫収入の低下をもたらす危険な兆候であった。タバリーの年代記『使徒たちと諸王の歴史』には、各地の徴税官からの報告とそれに接したイラク総督ハッジャージュ(六六一—七一四年)の対応が次のように記されている。

ハッジャージュの徴税官(アーミル)たちは、ハラージュが減少したこと、それは庇護民(ズィンミー)がイスラームに改宗し、軍営都市(ミスル)に移住したことに起因する、と書き送ってきた。そこでハッジャージュは、バスラやその他の都市に命令を発し、出奔した農民はもとの村(カルヤ)に返すべきものと定めた(『使徒たちと諸王の歴史』II, p.1122)。

ミスル miṣr とは、イラクのバスラやクーファ、あるいはエジプトのフスタートなど、征服地に新しく造営された都市を意味している。この報告を送ってきたのは、イラク各地に派遣されていた徴税官であったとみてよいであろう。ハッジャージュによる帰村命令に対し、都市へ移住していたマワーリーは、「「おお、ムハンマドよ、ムハンマドよ」といって泣き叫び、どこへ帰るかもまったく分からない」状態であった。たとえ彼らがもとの村へ帰ったとしても、土地はすでに人手に渡るか、あるいは荒れ放題になっていたにちがいない。しかも彼らは、移住先の都市(ミスル)においても、すでに貴重な労働力となっていたのである。そのため、総督ハッジャージュによる帰村政策の強行は、バスラやクーファなどの都市に混乱を巻きおこし、マワーリーの不満をいっそう募らせるだけの結果に終わった。

ところで、従来の初期イスラーム史研究者は、日本の嶋田襄平も含めて、このマワーリー問題を解決できなかったことが、結局、ウマイヤ朝政権の命取りになり、やがてアッバース朝革命を引き起こす主要な原因になったと考えてきた。この通説に対して、P・クローンは次のように主張する。すなわち、(一)書記・学者・ビジネスマン・家事労働者として働く古参のマワーリー、(二)アラブ人保護者につき従う新参のマワーリー、(三)村にとどまらざるをえなかったズィンミーの間には、社会的な地位や政治意識の点で明確な違いがある。しかも不満を抱いていたのは、(一)や(二)のマワーリーではなく、(三)のズィンミーであったから、ウマイヤ朝崩壊の原因を「マワーリーの不満」に帰すのは無意味である、と(*EI.* new ed., Mawlā)。

クローンの新説についての検討はまだ十分にはなされていないが、イラク総督によって帰村を命じられたマワーリーが大きな不満をもっていたことは、右のタバリーの記事からも明らかである。本当に新参のマワーリーは、その大半がもとの村に帰ったのだろうか。また、仮にクローン説が正しいとすれば、アッバース朝革命の真の原因は何であったかが改めて問われなければならないであろう。

ダウラはめぐる

七世紀後半のイスラーム世界では、シーア派の人びとの間に、やがて信者の指導者(イマーム)が「救世主」(マフディー mahdī)として再臨し、地上に正義と公正を実現してくれるはずだとするマフディー思想が広まりはじめた。誰をイマームとするかについては意見が分かれたが、八世紀はじめになって、イマームの位は預言者の叔父の血を引くアッバース家のムハンマドに伝えられたと主張するグループがあらわれた。この主張はフィクションにちがいないが、この伝承が広く流布することによって、アッバース家の運動にシーア派ムスリムがすすんで参加する道が開けたのである。みごとな政治的作為であったといわなければならない。

運動の本部はシーア派と因縁の深いイラクのクーファにおかれ、アラブ人ムスリムとマワーリーが連携して密かな活動をつづけていた。彼らはヒジュラ暦一〇〇年(西暦七一八年八月―七一九年七月)がめぐってきたのを機に、秘密の運動員(ダーイー)を各地に派遣した。イラン東部のホラーサーン地方に派遣された運動員は、ササン朝時代に異端として弾圧されたマズダク教(ゾロアスター教とマニ教とを折衷した宗教)の勢力とむすんで、現地の支持者を獲得することに成功した。

イマーム・ムハンマドの没後、その長子イブラーヒームがアッバース家の家長におさまると、七四六年、アブー・ムスリム(七五五年没)はイブラーヒームの代理としてホラーサーンに赴いた。アブー・ムスリムはもとイラン人奴隷であったともいわれるが、その出自は謎に包まれている。いずれにせよホラーサーンに赴いたアブー・ムスリムは、現地のアッバース家運動を完全に掌握し、ウマイヤ

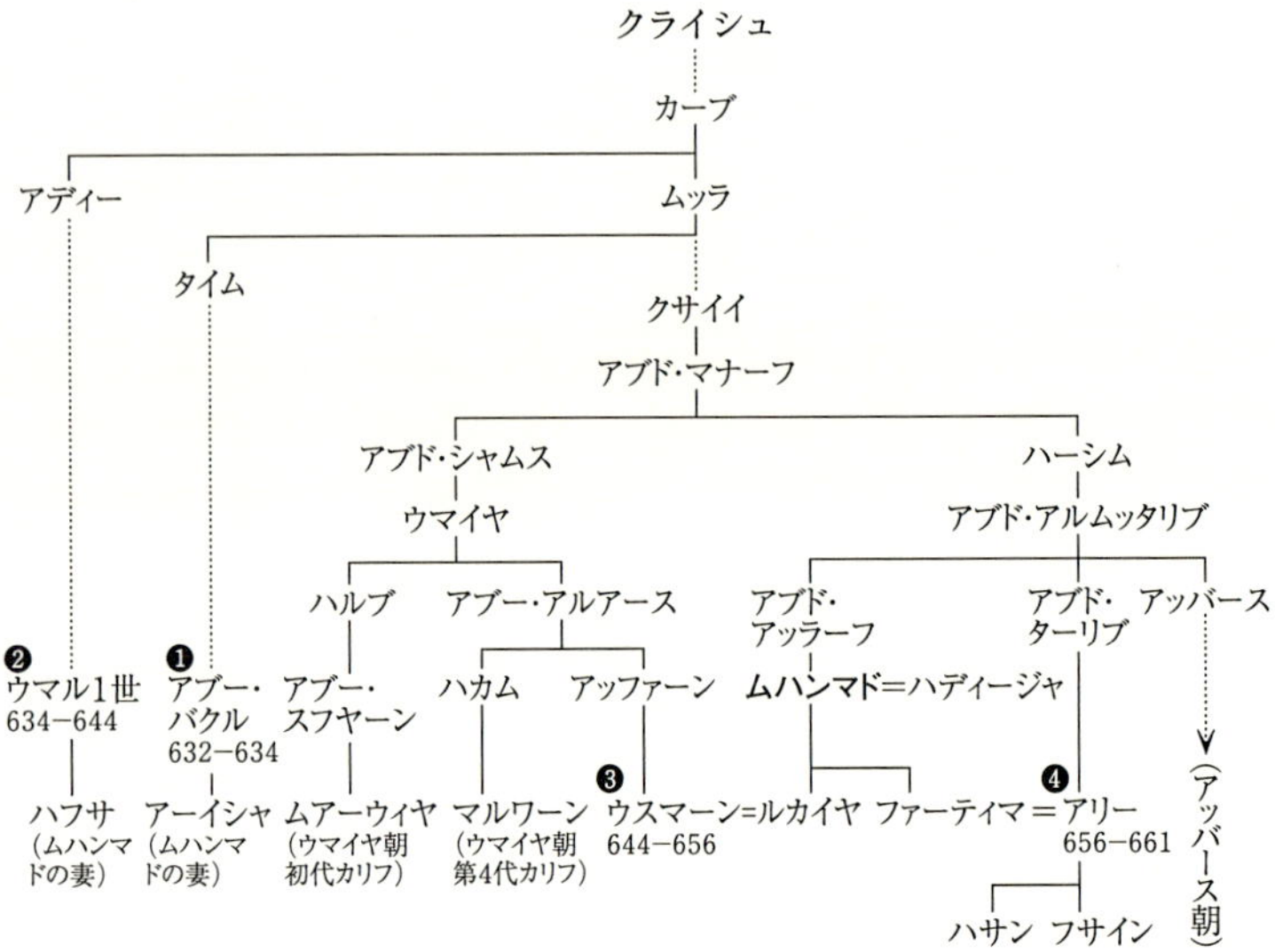

図4　ムハンマドの家系図
出典）日本イスラム協会監修，2002年，570頁.

家の白旗に対して、救世主の象徴である黒旗をかかげる準備も整えられた。七四七年六月、アブー・ムスリムはホラーサーン地方東部のマルウ近郊で武装蜂起し、翌年二月には、マルウを占拠してウマイヤ朝のホラーサーン総督ナスルを追放した（Sharon, 1983, pp.201-226）。

タバリーの年代記によれば、このとき投降した将兵に対して、アブー・ムスリムは、「神の書（コーラン）にかけて誓約し、神の使徒の家（ムハンマド家）のなかの同意された者 al-riḍā min ahl bayt Rasūl Allāh への服従」を求めたという（『使徒たちと諸王の歴史』II, p.1989）。つまり、この時点では、新しい指導者は「ムハンマド家のなかの同意された者」と表現されているだけであって、誰が次の指導者になるのかは明らかにされていなかったことになる。家の観念は伸縮自在であったから、ムハンマド家とはアッバース家を含むハーシム家ともとれるし、シーア派の祖であるアリー家ととることも可能であった。

新指導者の名が公表されないまま、革命軍はライ、ニハーワンドなどの諸都市を制圧し、七四九年九月、イラクの州都クーファに入城した。クーファで革命運動を指揮していたアブー・サラマは、勝利の軍隊を出迎え、このときに自ら「ムハンマド家のワズィール wazīr（宰相）」に就任した。いっぽう、アブー・ムスリムはホラーサーンにとどまって革命軍と連絡し、その指揮をとりつづけた。クーファのアブー・サラマは、「ムハンマド家」をアリー家と解釈し、シーア派の人物のなかから新しいカリフを選ぼうと考えていた。しかしアブー・ムスリムと革命軍は、七四九年一一月、イブラーヒーム（七四九年八月没）の弟であるアブー・アルアッバースをカリフに選任し、ただちに「忠誠の誓い」（バイア）が執り行われた。人びとはこれを「アッバース家の天下」Dawlat ʻAbbāsiya の到来と受け止めたのだという（Sharon, 1983, p.230）。

アッバース朝の初代カリフに就任したアブー・アルアッバース（在位七五〇―七五四年）は、モスクの説教壇（ミンバル）にのぼって、クーファの民にこう語りかけた。

クーファの民よ。そなたたちはわれらの愛の赴くところ、友情のとどまるところである。そなたたちは期待を裏切ることは決してなく、圧制に耐え抜いてわれらの時代をもたらした。神はそなたたちに「われらの勝利のとき」（ダウラ）をもたらされたのである。われらはそなたたちの俸給を一〇〇ディルハムずつ引き上げた。さあ、数えてみるがよい。余は「惜しみなく注ぐ者」（サッファーフ）である（タバリー『使徒たちと諸王の歴史』III, p.30）。

ここでは、ダウラはまだ「王朝」や「国家」の意味ではなく、ウマイヤ朝に代わって、アッバース家に「政権担当のチャンス」がめぐってきたことをさして用いられている。ところが第二代カリフに就任したマンスール(在位七五四―七七五年)は、治世末期の七七四年、ダウラについて次のような用法を残している。

ホラーサーンの民よ。そなたたちこそわれらの党派、われらの援助者、そして「われらの王朝の民」ahl dawlatinā である。もしそなたたちがわれら以外の者にバイアしたとしたら、決してわれらより優れた人物にバイアしたことにはならないであろう(タバリー『使徒たちと諸王の歴史』III, p.430)。

F・ローゼンタールは、「王朝」や国家を意味するダウラの用法が一般化するのは、アッバース朝の中期、つまり八世紀末以降のことだと述べている(*EI*. new ed., Dawla)。しかし、このマンスールの演説にあらわれる「ダウラ」は、明らかに権力体としての王朝あるいは国家の意味であろう。したがって私は、国家としてのダウラの用法が確立するのは、ローゼンタールが想定した時期より少し早い、八世紀の七〇年代に設定すべきだと考えている。

なお、第二代カリフに就任したマンスールは、初代のアブー・アルアッバースより年上の異母兄であった。なぜ兄の即位が弟の後になったのだろうか。これは、アブー・アルアッバースの母親がれっきとしたアラブ人女性であったのに対して、マンスールの母親はベルベル人(北アフリカの先住民)の女奴隷であったことに起因している。イスラーム社会では、子供の身分は母親の身分に従うのが慣例であった。したがってマンスールも生まれの身分は奴隷であり、父親が認知した時点で自由身分に変わっていたはずである。イスラーム社会の場合には、もと奴隷であったことが、その後の人生にそれほど大きなきずとしては残らなかったといわれる。しかしマンスールのカリフ就任が弟より遅れたことは、奴隷女の子供であったことがやはり多少のハンディキャップになっていたことを示しているといえよう。

「平安の都」バグダード

七五四年、マンスールはユーフラテス川上流のアンバールで即位したが、そのときの首都は、先代のカリフ、アブー・アルアッバースが建設したハーシミーヤであった。しかしハーシミーヤはシーア派ムスリムの多いクーファの近くに位置していたから、マンスールは、即位の翌年には、早くも新しいダウラ（国家）にふさわしい首都の建設を構想しはじめた。彼はイラクにあるいくつかの候補地を慎重に調査することを命じ、自らも適地を探して北イラクのモスル地方まで騎馬で歩きまわったと伝えられる。その結果、ササン朝時代から農産物の集散地として知られ、定期市も開かれていたティグリス川西岸の集落バグダード Baghdād が最適の候補地として選ばれた。

マンスール自身、バグダードを選んだ理由を次のように語っている。

ここは軍隊の駐屯地として安全であり、われわれと中国 al-Ṣīn とを隔てるものは何もない。ティグリス川を通じれば、海からのあらゆる物産とジャズィーラ〔北イラク〕やアルメニアなどからの食料が入手可能である。またユーフラテス川は、シリアやラッカ〔ユーフラテス川上流の都市〕などからどんな物資でもわれわれに運んでくれる（タバリー『使徒たちと諸王の歴史』III, p.272）。

この記事から判断すれば、バグダードの選択はあらかじめ周辺諸国との交流を考えに入れたうえでの決断であった。建設は七六二年にはじまり、一〇万人の建築家、職人、および労働者と四〇〇万ディルハム（当時は、小麦一〇〇キログラムが約〇・二七ディルハム）の工事費とをかけて、四年後の七六六年に完成した。コーランにある天国の呼称、ダール・アッサラームにちなんで、正式の名を「平安の都」マディーナト・アッサラーム Madīnat al-Salām というが、土地の人びとからは従来と同じバグダードの名で親しまれた。

新都は三重の城壁に囲まれた円形のプランをもち、直径は二・三五キロメートル、真ん中の主壁の高さは三四メートルであった。円形の都市を築いた理由について、アラブの史料は、このプランなら外敵の襲撃に対してもっとも堅固であるし、またカリフは臣下と常に等距離のところに位置することができると記している。しかし古代のメソポタミアには、ササン朝の首都クテシフォンや北イラクにあるハトラのような円形都市がすでに存在していたから、円形プランの採択に古代オリエントの伝統が生かされたことも間違いのないところであろう（Lassner, 1970, pp.132-134 ; Alsayyad, 1991, p.120）。

円城の中心には、黄金宮（カスル・アッザハブ）とモスクが併設されたが、規模からいって主たる建造物は黄金宮であった。宮殿の基底部の一辺は二四〇メートル、モスクはその半分であった。また宮殿は緑色の巨大なドームで覆われ、その高さは約三七メートルあったから、バグダードのどの地区からでもこのドームを見ることができたはずである（Le Strange, 1900, p.31）。当時、緑は権威を象徴する色とみなされており、したがって緑のドームの建設は、カリフ権の高揚をねらって、最初から十分に計算したうえでの計画であったと思われる。

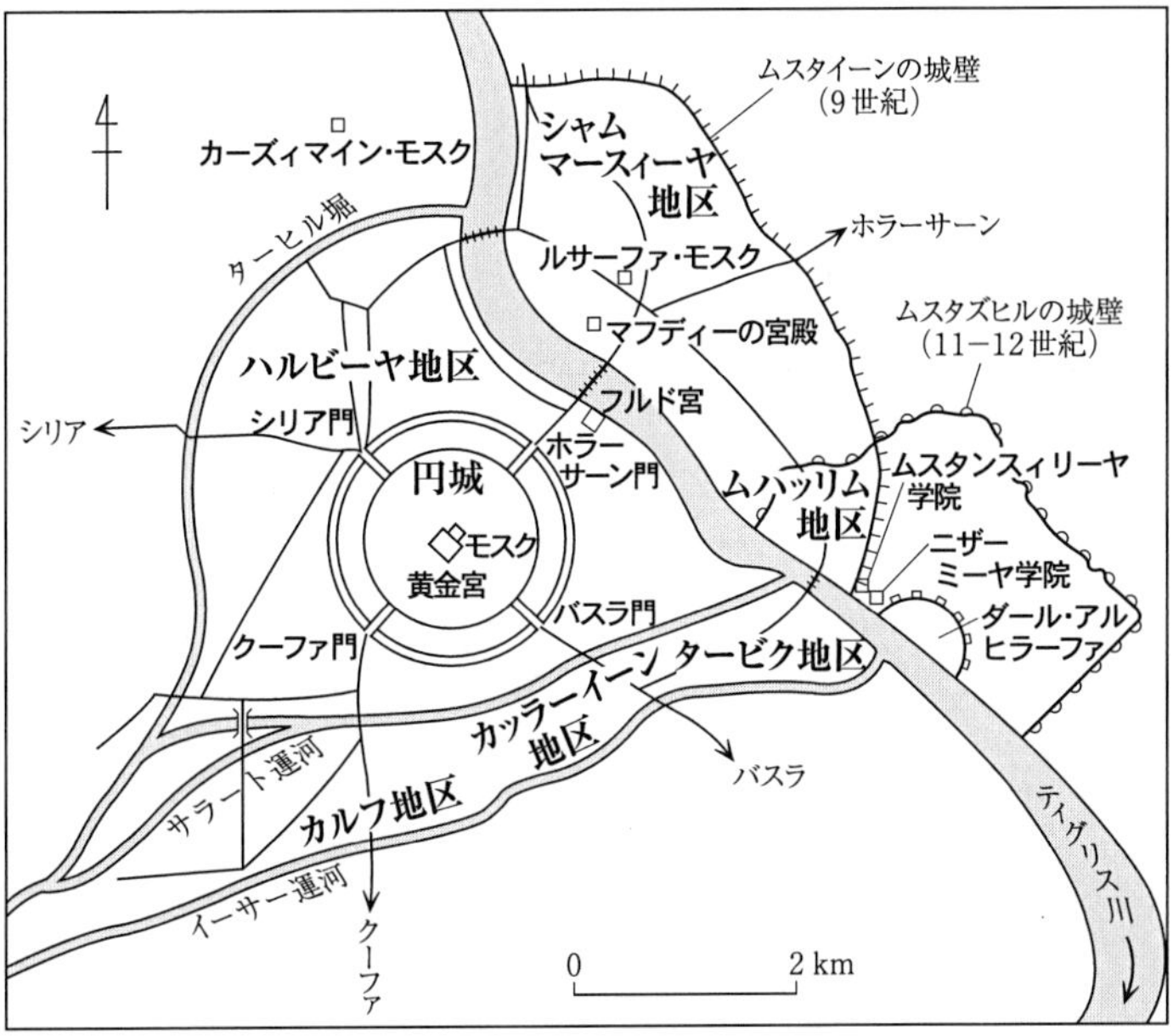

図5　10-11世紀のバグダード
出典）佐藤，1991年a，62頁.

また「平安の都」バグダードは、はじめから世界をむすぶ国際都市として建設された。円城に等間隔に設けられた四つの門の名称とその機能のなかに、この都市の雄大な構想がよく示されている。北東部のホラーサーン門を出てティグリス川の船橋を渡り、ホラーサーン街道を東にたどれば、絹の道をへて、やがて唐の都長安に達する。南東部のバスラ門を出てティグリス川を船で下れば、港町バスラを経由して、ペルシア湾からインド・東南アジアへと続いていく。また西南部のクーファ門を出て西へ道をたどれば、中央アジア・イラン・イラクからの巡礼者が集結する宿駅クーファがあり、その先にはイスラーム世界の中心都市メッカがある。北西部のシャーム(シリア)門を出てユーフラテス川沿いにさかのぼり、途中から西へ進めばダマスクス・ベイルート、北へ進めばアレッポをへて絹の道の終点コンスタンティノープルに到達する(佐藤、一九九七年、一三八頁)。

この構想の通り、八世紀末以降に経済の発展期をむかえると、海陸のルートを通じて、中国の絹織物や陶磁器、東南アジア・インドの香辛料や木材、中央アジアの毛織物や奴隷、さらにアフリカの金や奴隷などが首都バグダードにもたらされた。いっぽうバグダードからは、綿織物・絹織物・貴金属・ガラス製品・紙などがイラクの特産品として、周辺のイスラーム世界やビザンツ帝国領にむけて輸出されるようになった。はじめ四つの門と内壁をむすぶアーケードに設置されていた市場(スーク)は、七七三年、治安上の理由から円城の南三キロメートルのカルフ地区へ移転され、まもなくこの市街地がバグダードの商工業センターとしてめざましい発展をとげていくことになる。

ユーフラテス川の水位はティグリス川のそれより少し高く、ふたつの河川をむすぶ運河を開削すれば、水は自然にユーフラテス川からティグリス川へと流れ込んだ。アッバース朝時代になると、この地勢の好条件を利用して両河川をむすぶ数多くの運河が掘られ、その水は交通と灌漑と飲料用に用いられた(El-Sāmarrāie, 1972, pp.1-39)。ヤークービーの地理書は、九世紀バグダードの交易国は東西のイスラーム諸国に限らず、遠くインド、シンド(インド西部)、中国、チベット、トルコ、ダイラム(カスピ海西南部)、ハザル(黒海とカスピ海の間)、エチオピアなどであることを述べたうえで(『諸国誌』p.234)、バグダードとその近郊の様子を次のように記している。

バグダードではモスク(マスジド)の数が三万、公衆浴場(ハンマーム)は一万に達した。……ユーフラテス川から引かれたイーサー大運河には大型船が入り、それによってシリア・エジプト方面からラッカ経由で運ばれる小麦粉その他の商品が、市場(スーク)や商店(ハーヌート)の建ちならぶ河岸に陸揚げされるようになった。……水利がよくなったために、町の周囲には耕地や果樹園が増大した。また各地からさまざまな技術をもつ人びとが集まってきて、あらゆる種類の物資が生産されるようになった(『諸国誌』pp.250-251)。

この記述にみられるように、東西の国々との広範な交易活動と灌漑にもとづく豊かな農業生産、このふたつがバグダードとアッバース朝の繁栄を支える要因であったにちがいない。

「神のカリフ」問題

アッバース朝初代カリフのアブー・アルアッバースと第二代カリフのマンスールは、ウマル一世以来の伝統的な「信徒の長」(アミール・アルムーミニーン)の称号を用いた。しかしマンスールの息子マフディー(在位七七五―七八五年)とハールーン・アッラシードの息子マームーン(在位八一三―八三三年)は、「信徒の長」の称号にくわえてイマームの称号を採用した。八世紀後半には、シーア派ムスリムの間で、イマームこそがイスラーム世界の指導者であるとみなす考えが定着しつつあった。このようなときに、アッバース朝のカリフがイマームを称したのは、これが現政権への非難を強めるシーア派の宥和策として、なにがしかの有効性があるとみなされたのであろう。

しかもサッファーフ(惜しみなく与える者)、マンスール(神の加護を受けた者)、マフディー(救世主)、ハーディー(神の導き)というように、アッバース朝の最初の四代のカリフは、いずれも本名やイスラーム本来の名称(たとえば六代目のアミーンは「信頼のおける者」の意味)ではない、メシア思想にもとづく独特の称号を採用した。先に述べたように、アッバース朝の黒旗も、救済を目的とするメシアの象徴であった。これらは、明らかにムスリム民衆の間に広まっていたメシア待望論に訴えようとする意図的な政策であったろうと思われる。

ムハンマドの後を継いだアブー・バクルが、「神の使徒の後継者」(ハリーファ・ラスール・アッラーフ)と呼ばれたことはすでに述べた。ところがアッバース朝の第二代カリフ・マンスールは、七七五年、金曜日の説教(フトバ)で、信者たちに対し「私は地上における神の力(スルターン・アッラーフ)である」(タバリー『使徒たちと諸王の歴史』III, p.426)と語りかけ、神から直接権力を授けられた「神のカリフ」の思想を打ち出したとされている。

この通説に対してクローンとハインズは、以下のように述べる。「神のカリフ」を称したのはマンスールが最初ではなく、この用法はすでに正統カリフ・ウマイヤ朝時代から存在した。たとえば第三代カリフ・ウスマーンは「私は神の僕であり、その代理人である」と述べ、またウマイヤ朝の第五代カリフ、アブド・アルマリクが発行した貨幣には「神のカリフ」と刻まれ、さらにファラズダク(七二八年没)の詩には「雨乞いは神のカリフに頼って行われる」と詠われている。その他の事例を加えれば、ウマイヤ朝国家においても、すでに「神のカリフ」が君主の公式な称号であったことは明らかである(Crone / Hinds, 1986, pp.6-11)。

しかし嶋田襄平は、このような用例がいくつもあるのを知ったうえで、「神権的カリフの観念がアッバース朝になって確立したというのは、単にカリフその人が神権的権威を主張しただけではなく、それが正統派の法学者によって承認され、シャリーアの体系に組みこまれたからである」（嶋田、一九七七年、一五五頁）と述べる。確かに、アブー・ユースフがカリフ、ハールーン・アッラシードのために書いた政治論『租税の書』には、「神があなたにこのウンマと臣民のことを委ねられたことを疎かにしてはなりません。行政に力を用いることには、神の許しがあるのです」と記されている（p.3）。

ここには、カリフによる政治の根本が、神からの権力の委託にあることが明確に語られている。「神のカリフ」の用例がウマイヤ朝時代から存在したとしても、アッバース朝時代のウラマーが政治論の基礎に「神のカリフ」を位置づけたことは重要な意味をもつものといえよう。これによって、マンスールが意図したように、カリフ権の神格化がいちだんと進展したにちがいないからである（カリフ権の問題は第三章でふたたびとりあげる）。

「国家的土地所有理論」への疑問

アッバース朝国家について、従来の議論をまとめれば、およそ以下のようになるであろう。アッバース朝の成立以後、アラブのさまざまな特権は失われ、軍隊内に占める位置も急速に低下した。軍事力の中核を担ったホラーサーン軍はイランの地方に定着した移住者の集団であり、純粋なアラブ人とはいえなかった。また九世紀頃までには、シャリーアの体系化が行われ、ファイ fay'（戦利品）とされた土地は、戦士に分配されるのではなく、イスラーム共同体に帰属するものと規定された。そこでは、アラブ人であれ、非アラブのマワーリーであれ、土地を耕す農民はすべて地代としてのハラージュを国家に納めるという国家的土地所有理論が整えられた。これによってマワーリーの税制上の不平等はようやく解消され、アッバース朝はシャリーアを統治の原則とするイスラーム帝国としての性格を備えるにいたったのである（嶋田、一九七七年、一一九—一二〇頁；Johansen, 1988, p.8）。

まず共同体に帰属するとされる非分割の土地ファイは、果たして国有地であるのかどうかを検討してみることにしよう。嶋田襄平によれば、ファイ理論を最終的な形でまとめたのはアブー・ウバイド（八三九年没）であり、その著『財産の書』には次のようにある。「サワード（イラク中南部）のうちでハラージュを課せられている土地は、アンワ（武力）で征服されてムスリムのファイとなったものである。したがって住民には土地の所有権がなく、そのハラージュは小作料と同じものである」（嶋田、一九九六年、三二一頁）。しかし、「したがって」以下は、正しくは「そこの住民はムスリムのことを預かるイマームにハラージュを支払う。それはあたかも土地や家屋の賃借人がその所有者に賃借料（キラー）を支払うのに似ている」（『財産の書』p.105）と訳すべきである。つまりこの文章は、国家と農民の関係を土地所有者と小作人の関係になぞらえているだけであって、イマーム（カリフ）あるいは国家が土地を所有するとは述べていないのである。

また、ムスリムの法学者たちは、ファイとされた土地はムスリム全体のために留保されるワクフ waqf であるとみなしていた。清水和裕は、これを「サワード地域の土地の所有権を国家が管理する」（清水、一九九八年、四—五頁）と解釈しているが、法学者たちが、ファイの土地をムスリム全体のためのワクフであるといって、国家所有という言い方を慎重に避けている点に留意すべきであろう。ワクフには所有者はいないとするか、あるいは神を所有者とするのがシャリーアの見解だからである（愛宕、二〇〇三年、三九—四〇頁）。

次にハラージュ地以外の土地について考えてみよう。イスラーム社会では、その初期の時代から私有権（ムルク）を認められたウシュル地が各地に存在していた。シャーフィイー派の法学者マーワルディー（九七四―一〇五八年）も、「ハラージュとは土地そのもの（ラカバ）に課せられる取り分であり、ハラージュ地は所有権や管理権の点でウシュル地とは区別される」（『統治の諸規則』p.146-147）と述べている。宅地や果樹園、それに数カ村規模におよぶ私領地（ダイア）や小規模な分与地（カティーア）などが私有地としてのウシュル地に相当する。アッバース朝時代のイラク中南部には、カリフとその一族、官僚や軍人の高官、大商人などが広大な私領地を経営し、稲（アルッズ）や砂糖きび（カサブ・アッスッカル）など高価な商品作物の栽培を行っていた（Sato, 1997, pp.3-4）。国家的土地所有理論にしたがえば、この私領地も本来は国家の所有に帰すとみなされるはずであるが、法学者によってそのような主張がなされることはなかったのである。

B・ヨハンセンによれば、ハナフィー派の法学者はハラージュの納入者を土地所有者と認定していたから、国家的土地所有理論はハナフィー派法学には存在しなかったことになる（Johansen, 1988, p.8）。ただ初期イスラーム時代からの税制史を整理したM・クゥノによれば、シーア派とハナフィー派を除くスンナ派の三派（シャーフィイー、マーリキー、ハンバリー派）は、ハラージュ地は「事実上」国家の所有とみなし、土地保有者の支払うハラージュはすなわち地代であると規定してきたとされている（Cuno, 1992, pp.20-22）。

また時代が下って、一八―一九世紀のエジプト農民についていえば、「ハラージュの課税は、「事実上」国家的土地所有とその管理の再確認であった」（Cuno, 1992, p.20）とされている。もちろん、いずれの場合にも「事実上」という留保をつけているところをみると、法学派の条文を字義通りに解釈すれば、ハラージュ地は法律上は国有地と規定されているのではなかったことになる。確かにオスマン朝のエジプト征服期(一六世紀)やムハンマド・アリー期(在位一八〇五—四八年)には、土地はすべてイスラーム共同体あるいは国家の所有とする観念が強まったようであるが(Inalcik, 1973, p.109 ; Johansen, 1988, p.23 ; 加藤、一九九三年、一二三—一二四頁)、これはオスマン朝に固有な国家的土地所有理念の影響によるところが大きいと思われる。したがって、それ以前のイスラーム社会では、「すべての土地」が国家の所有であるとする国家的土地所有理論はそもそもイスラーム法にはなかったのではないだろうか。事実、アイユーブ朝やマムルーク朝時代の歴史史料を読む限り、土地が本来国家の所有であるとする記述を見いだすことはできないのである。

以上のように、オスマン朝時代以前のイスラーム社会には、対象をハラージュ地に限定するにせよ、すべての土地に広げるにせよ、国家的土地所有の観念はなかったと思われる。しかしアッバース朝時代にファイ理論が確立し、ハラージュ地の耕作者は地代(ウジュラ)に相当するハラージュを国家に納入することが定められたことは確かである。この点では、アラブとマワーリーとの不平等解消へ向けて、その基礎となる法的な整備がなされたといってよいであろう。

3　スンナ派国家とシーア派国家

スンナ派とシーア派

ここでスンナ派とシーア派の国家観あるいはカリフ(イマーム)論の違いを振り返ってみることにしよう。スンナ派とシーア派の教義にかなりの違いがあることはよく知られているが、両者の国家観やカリフ論・イマーム論はどのように異なっていたのだろうか。また、国家観・指導者論の違いは、現実の国家のあり方にどのような影響を与えたのだろうか。

六五七年、第四代カリフ・アリーとシリア総督のムアーウィヤがシリア北部のスィッフィーンで戦ったとき、はじめ戦況はイラク軍を率いたアリー方に有利に展開したが、シリア軍の武将が槍先にコーランを掲げて話し合いを提案すると、アリーはこれを受諾し、交渉に入った。しかしアリーの軍の一部は、「裁定は神にのみあり」として、話し合いそのものを否定し、アリーの陣営から離脱した。彼らはハワーリジュ(「離脱者」の意味)派と呼ばれたが、これらの離脱者に対して、あくまでも預言者ムハンマドの従兄弟であるアリーへの忠誠を守り抜いた人びとがいた。このグループを「アリーの党派」(シーア・アリー)といい、後に一般化するシーア派はこの「アリー」を省略した呼称である。

六六一年、アリーはクーファのモスク近くでハワーリジュ派の刺客によって暗殺され、「正統カリフ時代」は終わりをつげた。しかしアリーの党派は、アリーこそ「聖なる共同体」の指導者(イマーム)であり、その資質はアリーの子孫へと受け継がれていくと信じて疑わなかった。何よりも預言者の家(アフル・アルバイト)に属するアリーの血統を重視する思想であるといえよう。

さらに後のシーア派の人びとは、預言者の存命中にアリーはその後継者に指名されていたのだと主張する。六三二年三月、「別離の巡礼」を終えたムハンマドは、メッカからメディナへの帰途、途中のガディール・フンムの水場で休憩した。ヤークービーは、このときの話を次のように伝えている。

ムハンマドはアリー・ブン・アビー・ターリブの手をとり、「私は、あなたがたが自分自身に対するよりも、もっとあなたがたの近くにいないだろうか」と述べた。信者たちは答えていった。「神の使徒よ、まさにその通りです」。つづいてムハンマドはいった。「私がその近くでお仕えする人(マウラー)には、アリーもまたお仕えするのだ」(『ヤークービーの歴史』p.112)。

「お仕えする人」マウラーとはむろん神のことであるが、このとき、ムハンマドが何を伝えようとしていたのかを正確に理解することはなかなか難しい。しかし少なくともシーア派の人びとは、預言者がそれまで心中に隠していた後継者の名を、このときはじめて公にしたのだと解釈したのである。この解釈によれば、アリーに先行する三人のカリフ(アブー・バクル、ウマル、ウスマーン)は、預言者の意に反してムスリムの政権を簒奪した人物ということになる。もちろんスンナ派のムスリムは、ガディール・フンムでの指名をつたえる伝承そのものの信憑性を疑い、この点でも両派の主張はかみ合わない。

いっぽうのスンナ派は、「アリーの党派」が結成されたとき、彼らと一線を画し、中立を守ったグループにその起源をもつ。彼らは一般に「スンナとジャマーアの人びと」と呼ばれる。前述のように、スンナとは啓示を除く預言者の言行であり、ジャマーアとはカリフの権威を認める信者の共同体のことである。つまり、これらの人びとは預言者によって示された規範にしたがって生活し、共同体の統一を重視するムスリムであるといってよい(湯川編、一九九五年、二八頁)。

これらスンナ派のムスリムは、アブー・バクルをはじめとする三人のカリフを正統なカリフとして容認し、つづくムアーウィヤのカリフ権もウマイヤ家に対して正統に委譲されたものであることを承認する。このように預言者が示した慣行を重んじる穏健な思想であるがゆえに、長いイスラームの歴史を通じて、つねに多数派を占めてきたのがスンナ派であった。

スンナ派のムスリムたちは、預言者の正しい言行は、ムハンマドと生活を共にしてきた教友たち（サハーバ）が語る伝承、つまりハディース ḥadīth のなかに見いだされると考えた。この信念にもとづいて、スンナ派の学者たちは、メッカやメディナ以外の遠隔の土地にも足をのばして、膨大な数のハディースを収集し、これらを法学、コーランの解釈学、文法学、あるいは歴史学などの理論化に利用することを試みた。伝承についての史料批判は、伝承者の鎖（イスナード）と伝承の内容（マトン）を検討することによってなされたが、伝承の真偽を問うハディース学は、法学、神学、文法学、散文学などをはじめとするイスラーム諸学のいわば基礎学問の位置を占めていたのだといえよう。その出発点になったのが、伝承学者ブハーリー（八一〇—八七〇年）が編集した『真正ハディース集』*al-Ṣaḥīḥ al-Bukhārī* であった。この書には七三〇〇余の厳選されたハディースが収録され、現在でもなお信頼度のきわめて高いハディース集として用いられている。

スンナ派の国家観・カリフ論

それではスンナ派の国家論やカリフ論の特徴はどこにあったのだろうか。これまでみてきたように、スンナ派は預言者によって示された規範と共同体の結束を重んじるグループであり、そこにはスンナ派に固有な政治思想はないかのようにみえる。もちろん国家の首長であるカリフの地位は、多くのムスリムたちが各地で集団のバイア（くわしくは後述）を行うことによって正当化された。これはウマイヤ朝の場合にも、アッバース朝の場合にも同様である。

スンナ派による国家論の特徴がもっともよく現れるのは、カリフの地位と権能をめぐってであった。その議論は、もっぱらイマーム論として展開される。ここでは、シャーフィイー派の法学者マーワルディーをとりあげ、この問題を具体的に考えてみることにしよう。その著『統治の諸規則』では、まず冒頭で、「神が預言者の後継者に定めたカリフの位(イマーマ imāma)は、共同体がよって立つ根本である」ことが述べられる。つづく第一章「イマーマの契約」は、次のようにはじまる。

イマーム位は、宗教を守り、現世を統治するために設置された、預言者の後継者の制度である。ウンマにおいてその役割を果たす者にイマーム位を委託契約(アクド ʻaqd)することは、イジュマー ijmāʼ〔学者間での合意〕によって〔ムスリムの〕義務とされている(p.5)。

この定義によれば、神によって設定されたイマーム位を保証するのは、ムスリムが義務として行う委託契約であった。先に「神のカリフ」論では、「カリフによる政治の根本は、神からの権力の委託にある」と述べたが、神から委託されたイマーム位は、ムスリムからの委託契約も受けることになる。ただ契約によって権力を委託されるカリフは、七つの条件を満たしていなければならない。これがイマーム位の七条件である。すなわち、①公正さ(アダーラ)、②法的判断をくだすことのできる知識(イルム)、③視角・聴覚などの健全な五官、④立ち居・振る舞いの正常さ、⑤公益(マスラハ)増進の政策意欲、⑥敵と戦う勇気(シャジャーア)と気概(ナジュダ)、⑦クライシュ族の出身者であることである(p.6)。

社会に公益をもたらす公正な政治を行い、また必要があれば武力を用いてウンマを防衛し、これを拡大することがカリフの義務であった。この義務を果たすためには、七つの条件を満たす必要があるとされているのであるが、問題は⑦のクライシュ族の出身者という条件である。これについて、マーワルディーは同じ書のなかで次のような説明をしている。

カリフ(イマーム)の適格性の第七は、血統(ナサブ)である。つまりカリフはクライシュ族の子孫であるべきことが、ハディースの書にも明確に記され、大方の合意もなされている。アブー・バクルは、サキーファの日(ムハンマドの没後、メディナのアンサールが集会場(サキーファ)に集まり、仲間うちから後継者を選出しようとした日)、「イマームはクライシュ族の出身であるべし」とする預言者の言葉を引いて、アンサールの説得に当たった。また預言者は「クライシュ族の後に従い、その先に出てはならない」とも述べている(p.6)。

この文章が明瞭に示すように、マーワルディーがクライシュ族を優先する根拠は、初代のアブー・バクルがクライシュ族の出身であったという先例ではなく、クライシュ族の血統を重んじる預言者の言葉にあった。しかし、カリフの適格性をめぐる第七の条件が血統であるとはいっても、シーア派の場合と異なり、クライシュ族の子孫にカリスマ的な資質が継承されているとする特異な考えは認められない。もちろん預言者が属したクライシュ族は、多くの信者にとって尊い家柄であったことは確かであろう。ただ、この一族の出身者であるというだけで、カリフが神聖不可侵の性格を帯びることもまたなかったのである。

シーア派が代々のイマームを無謬であるとみなすのに対して、スンナ派は、共同体を構成する人びとの合意(イジュマー)こそが、最終的には無謬であると考える。現実のイジュマーは、神が示した規範をどのように解釈するかをめぐって、各時代の代表的なウラマーの間になされる合意の意志表示、あるいは暗黙の了解を意味している(*EI.* new ed., Idjmāʿ; Mottahedeh, 1980, pp.138-139)。イジュマーにもとづくスンナ派の国家観が茫漠として見えるのはそのためであろう。スンナ派のカリフに求められたのは、預言者の規範を守り、学者たちのコンセンサスを取り付けながら、信徒の共同体(ウンマあるいはジャマーア)の統一を保持することであった。以上が、スンナ派による国家観・カリフ論の特徴であると思われる。

シーア派国家の主張

シーア派による政治思想の特徴は、前述のように、アリーの血をひく歴代のイマームは無謬であり、このイマームこそが聖なる共同体を指導する最高の資質をもつとみなすことにある。イマームは元来は「集団の指導者」の意味であるが、とくにモスクでの集団礼拝の指導者をさして用いられることが多い。また、スンナ派ではイマームがカリフの別称として用いられるのに対して、シーア派では、立法権や教義の決定権をもつイマームはアリーとその子孫だけに適用される。いずれにせよ、イマームの無謬性を主張するシーア派では、スンナ派が重視するウラマーによる合意(イジュマー)そのものを認めていない。どのような問題が生じても、これらを裁量し、裁決を下すのは無謬のイマームだからである。

このようにシーア派によるイマームの呼称は独特の意味を帯びていたが、アリーの子孫のなかで、誰をイマームとして認定するかの問題をめぐってシーア派は諸派に分裂した。イマームの称号を最初

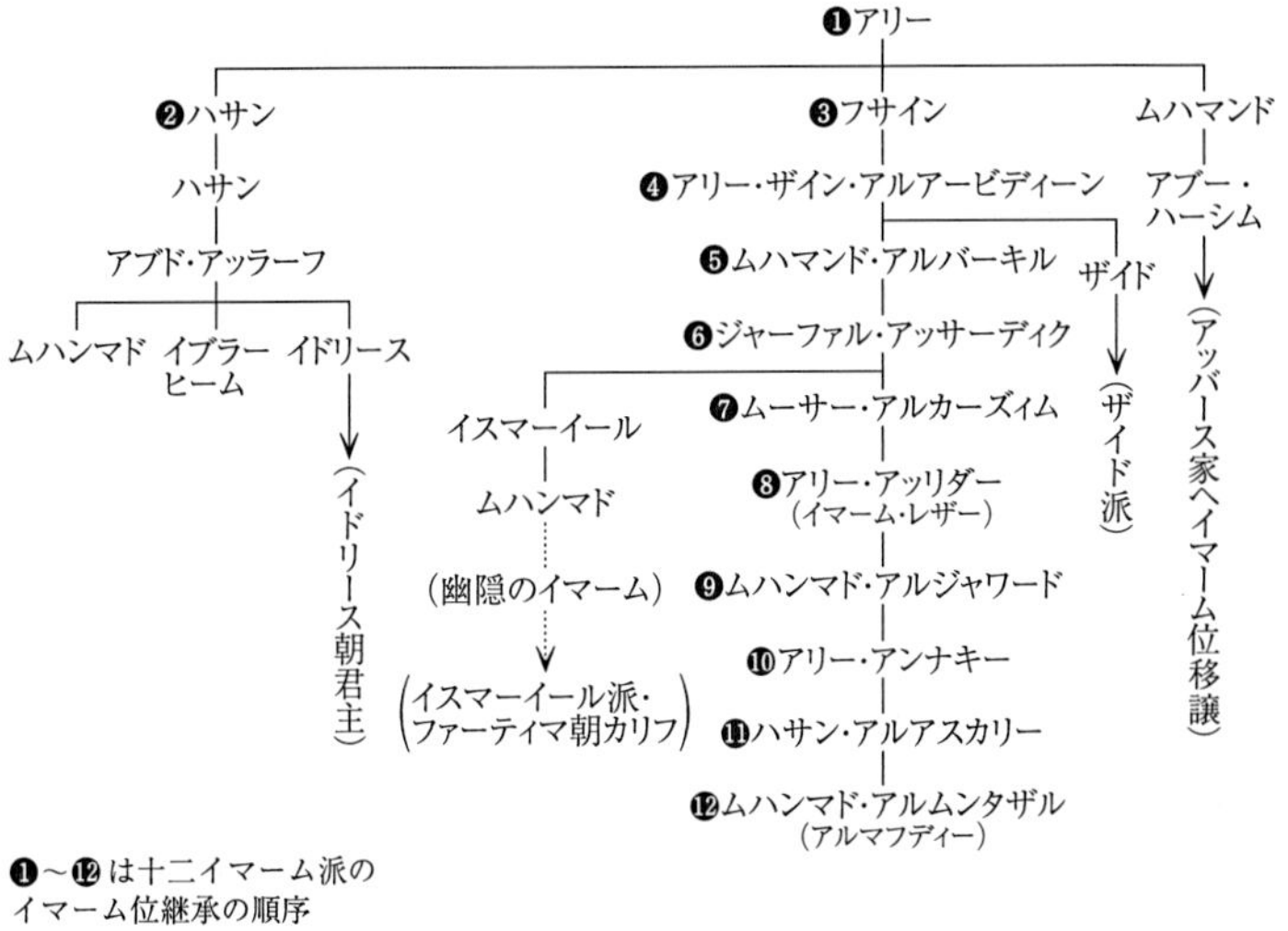

図6　アリー家とシーア諸派
出典）日本イスラム協会監修，2002年，570頁.

に用いたのは過激シーアのカイサーン派であり、六八五年、この派に属するムフタールはムハンマド・ブン・アルハナフィーヤ（アリーの息子、七〇〇年没）をイマームおよびマフディー（救世主）として擁立し、クーファで反ウマイヤ家の反乱を起こした。一時は、バスラを除くイラク南部とイラン南西部を支配下に収めたが、六八七年、ムフタールは討伐軍に敗れて戦死した。反乱が終結し、七〇〇年にムハンマドが没すると、カイサーン派の主流は、ムハンマドは幽隠（ガイバ ghayba）のイマームとなり、最後の審判の日に地上に再臨して正義と公正を実現してくれるはずだと説いた（嶋田、一九七七年、一二二―一二三頁、一二九―一三〇頁）。このイマーム位がやがてアッバース家の人物に伝えられたとされ、これがアッバース朝の革命運動を導く誘因になったことはすでに述べた通りである。

これに対して十二イマーム派は、アリーから長男のハサンをへて第三代のフサインからその男系子孫にイマームの位が受け継がれたと主張する。そして第一二代のムハンマド・アルムンタザルは、八七四年に「幽隠」(ガイバ)の状態に入り、終末のときがくると、「ときの主」として再臨し、正義を実現してくれるはずだと説く。なお再臨にいたるまでの統治は、信仰と法の権威者であるムジュタヒド(元来は「努力する者」の意味)がイマームの代理としてこれを執り行う。後のサファヴィー朝(一五〇一―一七三六年)が奉じたシーア派はこの十二イマーム派であるが、エピローグで述べるように、この王朝のシャー(王)はムジュタヒドのさらに代理として武力を行使し、正義を実現する統治者とされている(Morgan, 1988, p.147)。

またアリーの曾孫ザイドの名に由来するザイド派は、スンナ派に近い穏健なイマーム論を展開した。アリーは預言者ムハンマドの指名を受けて指導者となったのではなく、もっとも優れた資質をもつがゆえにムハンマドの後継者になったのだとされる。しかもシーア派の主流が、アリー以前の三人のカリフを簒奪者として否定するのに対して、ザイド派は、三人は「劣ったイマーム」ではあるが、合法的な存在であるとして容認した。一〇世紀半ば以降、アッバース朝内に独立政権を樹立したイラン系のブワイフ朝(九三二―一〇六二年)はこの宗派に属している(Halm, 1991, pp.206-211)。

さらに十二イマーム派から分かれた過激シーア派のひとつにイスマーイール派がある。彼らは七六五年の第六代イマーム、ジャーファル・アッサーディクの死に際し、このときすでに死亡していた息子イスマーイールにイマーム位が継承されていたのだと主張する。九世紀後半に入ると、同派はイラク南部のバスラやシリア北部のサラミーヤに根拠地をおき、活発な秘密運動を展開した。そのひとつが北アフリカに興ったファーティマ朝(九〇九―一一七一年)であり、創始者のウバイド・アッラーフ(九三四年没)は、ムハンマドの娘ファーティマの血統を引く者であると称して、建国後はイスマーイール派を国教に定めた。なおシリア、イランの山城から各地に刺客を送り出し、十字軍やスンナ派諸王朝の君主たちに底知れぬ恐怖を与えたニザール派は、このイスマーイール派の一分派に属する。一二五三年に西征を開始したモンゴル帝国のフラグ(在位一二五八―六五年)がニザール派の拠点であったアラムート城を陥れ、この派に大きな打撃を与えたのは、三年後の一二五六年のことであった。

穏健なザイド派を奉ずるイラクのブワイフ朝は、スンナ派のアッバース朝カリフと提携し、弱体なカリフ権を擁護することによって、自らの政権の正当性を獲得した。これに対してイスマーイール派のファーティマ朝は、北アフリカからエジプトへの進出(九六九年)を果たした後にもアッバース朝カリフの存在を認めず、これを擁護するブワイフ朝と鋭く対立した。ファーティマ朝は、アッバース朝打倒のためにイラクにも宣教員(ダーイー)を派遣し、その結果、ブワイフ朝の崩壊後、トルコ人将軍のバサースィーリーがファーティマ朝の名のもとに一年余りにわたってバグダードを支配したこと(一〇五八―六〇年)は、その成果の一部であったとされている(Halm, 1991, p.176)。

しかし国家のイデオロギーを固く守るいっぽうでは、ブワイフ朝もファーティマ朝も、官吏登用や租税徴収の面では現実に即した行政を心がけ、またスンナ派の民衆にシーア派への転向を強制しなかった点でも一致している。ただ後のサファヴィー朝の場合には、政権の基礎を固めるために、建国後まもなく十二イマーム派を採用し、これを力によってイラン社会に浸透させようとしたことが特徴であろう。建国者シャー・イスマーイール(在位一五〇一―二四年)は、バハレインやレバノンからシーア派のウラマーを招致し、彼らの協力をえてシーア派の布教に力を尽くしたと伝えられる(Morgan, 1988, pp.121-122)。

第二章　国家と社会のしくみ

1　法と社会と国家

イスラーム法とは何か

イスラーム法（シャリーア）は、元来は「水場へいたる道」を意味し、ムスリムとしての正しい生き方を示す指針である。ウマイヤ朝末期からアッバース朝初期の時代にかけて、宗教にもとづく社会生活の秩序をもたらすために、イスラーム法学を専門とするウラマーたちは、コーランやハディースを典拠にして、それぞれ独自の法体系をつくりあげていった。バラエティーに富む複数のイスラーム法学派（マズハブ madhhab）の誕生である。

ここでは最初に、法学派誕生の事情とそれぞれの派の特徴をまとめてみることにしよう。まずハナフィー派について。この学派の祖となったアブー・ハニーファ（六九九頃―七六七年）は、祖父がアフガニスタンからイラクのクーファに連れてこられた奴隷であったが、自らは生誕地のクーファで法学や神学を学び、師のハンマードが没してからは、この州都における法学の第一人者とみなされるようになった。前述した『租税の書』の著者アブー・ユースフは、アブー・ハニーファの高弟のひとりであり、この法学派の形成に大きく貢献した。ハナフィー派は他の学派より地域の慣行や個人的意見を広く採用し、商業活動による富の獲得にも寛大な理解をしめした。一〇世紀頃からイスラーム世界に進出したトルコ人は、最初からハナフィー派に属し、それゆえトルコ人のセルジューク朝（一〇三八―一一九四年）やオスマン朝（一二九九―一九二二年）の歴代君主は、このハナフィー派を積極的に支持したことで知られる。

マーリク・ブン・アナス（七〇九頃―七九五年）は、メディナの学者の家に生まれ、この地でほとんどの生涯を過ごした。彼は独自に編集したハディース集『ムワッターの書』*Kitāb al-Muwaṭṭa'* で評判を博したが、ハディースを吟味するにあたっては、特別に厳しい基準を提示したといわれる。マーリクは、これらのハディースに依拠するよりは、自らが生きてきたメディナ社会の慣行やそこの人びとの個人的見解を重視して、マーリク派法学の体系化を押し進めた。その規定自体は概して穏健であったが、慣行から逸脱する過激派には厳しく、またイスラームから他の宗教に転じる背教は死に値するとみなしたという。

パレスティナに生まれたシャーフィイー（七六七―八二〇年）は、メディナに移住してからは、マーリクに師事して『ムワッターの書』を学び、バグダードではアブー・ハニーファの二人の弟子、アブー・ユースフとシャイバーニー（七四九―八〇五年）と親しく交わった。しかしエジプトのフスタートに居を定めてからは、マーリクやアブー・ハニーファの学説批判に転じ、独自の法学書『母の書』*Kitāb al-Umm* を著した。彼は、従来の法学者が用いてきた類推（キヤース）や独自の判断（イジュティハード）を容認したが、それらはもっと論理的で、しかも一貫性をもたなければならないと主張した。スンナ派ムスリムが依拠する預言者の言行（スンナ）でさえ、伝承を厳しく吟味することなく理想化することは許されないとした。彼のもとには、厳密な新法源論に共鳴する弟子たちが集まり、やがて法学派としてのシャーフィイー派が成立する（Schacht, 1964, pp.45-48）。

ハンバル派の祖となったイブン・ハンバル（七八〇―八五五年）は、バグダードでホラーサーン軍団に属する一兵士の家に生まれた。一五歳の頃からおよそ二〇年にわたってイラク、ヒジャーズ、イエメン、シリア、イラン、ホラーサーン、マグリブと勉学の旅をつづけ、法学（フィクフ）やハディース学の修得に努めた。著名なハディース学者としてバグダードに帰還したイブン・ハンバルは、カリフ・マームーンが採用していたムータズィラ派神学（合理的な解釈を旨とし、神の言葉であるコーランを創造されない「永遠のもの」であるとする通説に対して、神によって「創造されたコーラン」説をとなえた）を断固として拒否し、二年間におよぶ入獄生活を余儀なくされた。ハンバル派の特徴は、ハディースを字義通り厳密に解釈することを基本とし、合意（イジュマー）の範囲を預言者の教友だけに限り、イスラーム神秘主義を厳しく批判したことなどにある。この思想は、マムルーク朝時代のイブン・タイミーヤ（一二六三―一三二八年）をへて、原始イスラームへの回帰を説いたムハンマド・ブン・アブド・アルワッハーブ（一七〇三―九一年）へと継承されていく。

スンナ派の法学派はこれ以外にいくつも結成されたが、主要なものは以上の四学派である(竹下編、一九九五年、二五三―二五九頁)。いっぽう、シーア派のシャリーアも、コーランとハディースを典拠にして体系化されたという点では、スンナ派の場合と大きく異なるところはない。ただ、コーランには、表面の字義(ザーヒル)の他に、隠れた第二の意味(バーティン)があるとし、またハディースのほかに、歴代イマームの言行をまとめた「聖言行録」を重視するなどの点で、スンナ派とは異なっている。礼拝・断食・巡礼などの儀礼もスンナ派とほぼ共通しているが、たとえばスンナ派ムスリムが一日五回の礼拝を行うのに対して、シーア派では朝一回の他は、昼と午後の二回を一回に、夕方と夜の二回も一回にし、計三回行うのが一般的である。

いずれにせよ、イスラーム法と国家との関係を考える場合には、まず学派ごとに独自の体系があったことに注意しなければならない。シャーフィイー派とセルジューク朝との関係のように、あるひとつの学派が特定の王権と強い結びつきを保つこともあったが、その場合でも他の学派の存在が否定されることはなかった。ひとつの国家にひとつのシャリーアが適用されたのではなく、ひとつの国家には複数のシャリーアが存在していたのである。このことの意味を、社会と政治の面から、さらに検討してみることにしよう。

法学派所属の意味

イスラーム世界では、ハディースを伝える人物の素性を明らかにするために、数多くの伝記集が編纂された。イブン・サード(七八四頃―八四五年)の世代(タバカ)別の伝記集『大列伝』*al-Tabaqāt al-Kubrā* やイブン・ハッリカーン(一二一一―八二年)の『名士列伝』*Wafayāt al-A'yān* はその代表例であり、イブン・ハジャル(一三七二―一四四九年)の『隠れた真珠』*al-Durar al-Kāmina* には、マムルーク騎士の列伝が多数含まれている。また、イブン・アルジャウズィー(一二〇一年没)は、伝承者の善し悪しを判断する手引き書として、悪い先生に師事した者、記憶力の弱い者、虚言癖のある者ばかりを集めた『弱い男たちの書』*Kitāb al-Ḍu'afā* を編纂した。

これらの伝記集のうち、後代に編纂されたものほど、個々の人物が所属する法学派名を克明に記すようになる。たとえば先に引用した『使徒たちと諸王の歴史』の著者タバリーの名前は、Abū Ja'far Muḥammad Ibn Jarīr al-Ṭabarī al-Shāfi'ī と表記される。アブー・ジャーファル(「ジャーファルの父親」の意味)はクンヤ(添え名)であり、ムハンマドは本名、イブン・ジャリール(「ジャリールの息子」の意味)はナサブ(血統)名、そしてアッタバリーはイランのタバリスターン地方の出身者であることを示し、最後のアッシャーフィイーは「シャーフィイー派の人」という意味である。

九世紀はじめ頃までにイスラーム法の体系化がすすみ、さまざまな法学派が形成されるようになると、個々のムスリムはいずれかの法学派に帰属するようになった。アッバース朝時代以降、イラク、イラン、シリア、エジプトなどで民衆のイスラーム化が進展し、またトルコ人などイスラーム世界への移住者が集団で改宗した場合にも、各学派への帰属が明らかにされていった(堀川編、一九九五年、二三七―二三八頁)。原理的には個人は好みの学派を選ぶ権利をもっていたが、子供は親の学派に属するのが習慣であり、学派の浸透の仕方も地域によって異なっていた。

シャーフィイー派は特定の地域との結びつきは弱かったが、それでも初期の時代にはバグダードとフスタートに中心があり、一〇世紀以降はエジプト・シリアのほかに南アラビア、インド南西のマラバール海岸、さらにはマレー半島へと広まっていった。ムスリム商人の活動と結びついて拡大した法学派といえよう。前述のように、ハナフィー派は早くから中央アジアのトルコ人の間に影響力をもち、オスマン朝がこの学派を公式に採用すると、広大な国家領域のなかでハナフィー派に帰属する者の数がしだいに増大した。またマーリク派は北アフリカのマグリブやアンダルス地方に広まり、ハンバル派はかつてはイラク・エジプト・シリアに影響力をもったが、現在ではサウディ・アラビアに限られている。

このように法学派の影響力は地域によって異なっていたが、複数の学派が重なる地域も多かったことに注意しなければならない。前述のように、一国家の領域がひとつの法学派によって統一されていないことがイスラーム世界の特徴であった。たとえばアイユーブ朝がシャーフィイー派を公式に採用し、この学派を篤く保護したにもかかわらず、エジプトやシリアには、これ以外のさまざまな学派のムスリムが存在した。食べ物の禁忌や服装の妥当性などの点で疑問が生じたときには、当然のことながら自分と同じ学派のウラマーに法学上の意見(ファトワー)を求めた。また財産相続のもつれや傷害事件で訴訟がおきれば、事件は被告人が属する学派の裁判官(カーディー)によって裁かれるのが原則であった。このようなムスリム社会の慣行のゆえに、何らかの法学派へ帰属することはきわめて重要な意味をもったのである。

それでは、学問にたずさわるウラマーの場合、学派(マズハブ)に属することには、どのような意義があったのだろうか。一一世紀バグダードのウラマーを分析したD・エフラトは以下のように述べる。

これまで学派の結束の強さがしばしば指摘されてきたが、ハンバル派のウラマーの伝記を調べてみると、彼らはその学派への帰属意識よりは、特定の先生（シャイフ）との個人的な結びつきを強く意識していたことが分かる。ハディースの研究と教育は、ウラマーやスーフィー（神秘主義者）の境界をあいまいにし、さらに法学派を越えるネットワークさえ生み出した。またこれは、ひとつの学派から他の学派への転向を促すことにもつながったが、その動機が世俗の利益にある場合には厳しい批判にさらされた。ハンバル派からハナフィー派に転じ、さらに職を求めてシャーフィイー派に変わったある法学者は、詩人から「そなたはすぐに、今度はマーリク派に転ずるのだろうよ」と皮肉られたという（Ephrat, 2000, pp.85-93）。

このようなエフラトの見解は、マズハブをあまりにも緊密に結ばれた（サークル法学派）と見なしてきたことへの反論であるが、しかし学問的な交友の範囲であるマズハブを変更することには、やはり相当な勇気が要ったはずである。なぜなら、あるマズハブに属する人びとは、商契約や婚姻の登録にいたるまで、権威者である当該ウラマーの指示にしたがってムスリムとしての日常生活を送っていたからである。マズハブはときにターイファ（サークル）とも呼ばれるように、やはり「仲間うちのグループ」としての性格も備えていたとみるべきであろう（Lapidus, 1967, p.112）。

イスラーム法と統治の原理

それでは、このようなマズハブ形成の要因となったイスラーム法（シャリーア）とは、具体的にどのような内容の法だったのだろうか。また、このシャリーアとカリフの統治とはどのような関係にあると考えられていたのだろうか。ここでは、法律書や政治の書を手がかりにして、シャリーアと統治の原理との関係を探ってみることにしたい。

シャーフィイーの主著『母の書』を例にとれば、この書で扱われる主な項目は以下の通りである。沐浴(ウドゥ)、礼拝(サラート)、月経(ハイド)、水乞い(イスティクサー)、葬礼(ジャナーイズ)、救貧税(ザカート)、喜捨(サダカ)、断食(サウム)、巡礼(ハッジ)、狩(サイド)と屠殺(ザビーハ)、誓願(ナズル)、売買(バイ)、抵当(ラフン)、借地契約(キラー)、遺贈(ワスィーヤ)、人頭税(ジズヤ)、異教徒との戦い(ジハード)、婚姻(ニカーフ)、扶養(ナファカ)、離婚(タルカ)、故意の傷害(ジラーフ・アルアムド)、ハッド刑(ハッド)、裁判(カダー)、証言(シャハーダ)、地租(ハラージュ)。

ここには食生活や沐浴・礼拝・断食などの宗教儀礼、結婚と離婚、葬式、遺産相続、裁判、刑罰、租税、戦争の問題などが、ズィンミー(キリスト教徒やユダヤ教徒などの庇護民)への対応を含めて網羅的に扱われている。これらの全体がシャーフィイーの考えるシャリーアということになる。「カリフやスルタンはシャリーアにもとづいて政治(スィヤーサ)を行う」という場合、このシャリーアとは当然ここに述べた法規定の全体を意味している。そしてシャリーアと政治がうまくひとつに結びついたときには、「正しい政治」siyāsa sharʿīya が実現するとみなされた(Black, 2001, p.156)。したがってイスラーム国家(ダウラ)の統治者には、まずこれらのシャリーアが順調に施行されるような社会環境を整えることが求められた。そのうえでカリフやスルタンが直接に関わらない日常生活の些事は、知識人や裁判官の裁量に任されたのであろう。ただ裁判官(カーディー)は刑罰を執行する手段をもたなかったために、カリフやスルタンは判決の執行者として裁判業務に介入することができたのである（Schacht, 1964, p.50）。

しかしシャリーアと政治の関係を考えるうえで問題となるのは、やはり租税や戦争など、政治と直接に関係する事柄の扱いである。これについては、しばしば側近の法学者によって、統治のあり方を説く忠告と助言の書が著された。ここではもう一度、ハールーン・アッラシードに顧問として仕えたハナフィー派の法学者、アブー・ユースフの『租税の書』をとりあげてみることにしよう。冒頭には次のような文章が記されている。

信徒の長〔カリフ〕は、私に一冊の総合的な書物を執筆するよう要求された。それは、信徒の長がそれによってハラージュ、ウシュル、サダカ、ジャワーリー〔人頭税、つまりジズヤ〕を徴収し、またそれに必要な監督と業務を行うためである。信徒の長はこれによって臣民（ライーヤ）から不正（ズルム）を取り除き、かれらに福利（サラーフ）をもたらすことを望まれたのである（『租税の書』p.3）。

つまり、この書の主たる目的は、カリフに対してイスラーム国家にふさわしい税制の確立を促すことにあった。しかし実際の論題は税制だけに限らず、ズィンミーの服装、背教者の扱い、多神教徒との戦い、裁判官・徴税官の収入問題などにも及んでいる。そして、このような統治権を行使する根拠は、「神からウンマと臣民のことを委ねられた」とするカリフ権神授の思想にあることはすでに述べた通りである。

また、先に引用したマーワルディーの『統治の諸規則』には、一〇項目にわたってカリフの「公の任務」が記されている。要約すれば、以下の通りである。
（一）確立された原則 uṣūl mustaqirra にもとづいて宗教（イスラーム）を守ること。
（二）互いに争う人びとの間を裁定し、その争いを断つこと。
（三）イスラーム世界の核心部 bayḍa を守り、食料の確保や旅の安全をはかること。
（四）神の禁じ給うたことに従うために、刑罰（ハッド ḥadd）を科すこと。
（五）防衛の武力を整えて国境地帯（スグール thugūr）の防備を固めること。
（六）改宗への呼びかけの後でも、なおイスラームに敵対する者に対してジハードを行い、イスラームかズィンマ（保護）かの選択を迫ること。
（七）ファイ〔とされた土地からのハラージュ〕とサダカを法にしたがって徴収すること。
（八）俸給 ʻaṭā' など国庫が支払うべきものを査定すること。
（九）資金の取り扱いに際しては、信頼できる人物をあて、かつ顧問をつけること。
（一〇）自ら国事を監督し、諸状況を調査すること。

（『統治の諸規則』pp.15-16；湯川武訳『イスラム世界』一九、二五―二六頁）


ここには、カリフによる統治の内容が具体的に記されているが、統治の原理に触れているのは、（一）の「確立された原則」と（七）の「法」にもとづく税の徴収、の二カ所である。「確立された原則」はやや抽象的な表現であるが、この原則がシャリーアにもとづいて定められたことは間違いないであろう。また（七）の「法」が、具体的にはシャリーアを意味することは明らかである。

以上の検討から、イスラーム国家（ダウラ）における統治の原理は、神から権限を委託された統治者が、神の定めたシャリーアにもとづいて政治を行う、ということに集約される。それでは、シャーフィイーやマーワルディーが言及していたズィンマの民、つまりズィンミーはダウラのなかでどのように位置づけられていたのだろうか。次に改宗の問題とからめて、ズィンミーがおかれた状況を考えてみることにしたい。

ズィンミーと改宗問題

ズィンマの民 ahl al-dhimma、つまりズィンミーが、ムスリム政権の保護(ズィンマ)のもとで、人頭税の支払いを条件に信仰の自由を認められた「啓典の民」であることはよく知られている。啓典の民とは、はじめはキリスト教徒とユダヤ教徒に限られていたが、大征服が進むにつれて、ムスリム政権に服したゾロアスター教徒や仏教徒もズィンマの民の範囲に含まれるようになった。人頭税(ジズヤあるいはジャワーリー)は自由人の成人男子(一五歳以上あるいは子供を生ませる能力が備った者)から現金で徴収され、その税額は、初期イスラーム時代のイラクやイランでは、地位や財産に応じて一二、二四、四八ディルハムであった。

嶋田襄平によれば、預言者ムハンマドからアラブ部族やキリスト教徒・ユダヤ教徒に与えられた文書では、「神と神の使徒とのズィンマ」と表現され、このズィンマはアフド(盟約)によって保証された(嶋田、一九七七年、四二頁)。このズィンマの観念がムハンマドの没後にも引き継がれたとすれば、キリスト教徒やユダヤ教徒に対するズィンマの保証は盟約にもとづいて行われたことになる。ムスリムの政治・法学の書は、この点をどのように表現しているのだろうか。まず、アブー・ユースフの

『租税の書』には次のようにある。

カリフ・ウマルは、その死に際してこう語った。「次のカリフには、「神の使徒のズィンマは彼らとの盟約(アフド)によって与えられる。戦いはズィンマのないところで行われ、また彼らの能力以上に課税してはならない」と伝えよ」(『租税の書』p.125)。

この伝承では、ズィンマは彼ら(キリスト教徒やユダヤ教徒)との盟約にもとづいて与えられることが明確に述べられている。いっぽう、マーワルディーは、ズィンミーについて以下のように記している。


ジズヤの契約(アクド)には、〔ズィンミーに対して〕ふたつの条件をつけることができる。ひとつは法的に義務とされることであり、他方は法的に推奨されることである。法的に義務とされることは、次の六条件である。(一)神の書コーランを批判したり、中傷したりしないこと、(二)神の使徒を嘘つき呼ばわりしたり、軽蔑したりしないこと、(三)イスラームの宗教を非難・中傷しないこと、(四)ムスリムの女性を、姦通あるいは結婚の名目で傷つけないこと、(五)ムスリムをイスラームから離れるように誘ったり、ムスリムの財産や宗教に害を加えたりしないこと、(六)イスラームの敵を助けたり、彼らの金持ちを大事にしないこと。以上の六条件は守られるべき義務であり、たとえ条件に入っていなくても、彼らには強制される。条件に入れる場合には、それは彼らに盟約(アフド)の内容をよく知らせるためであり、またその盟約の重要性を確認させるためでもある。これらの条件が提示された後にこれを破る行為をなせば、この盟約を破棄したことになる(『統治の諸規則』p.145;湯川訳『イスラム世界』二七・二八、七一頁)

この文章では、ムスリム政権とズィンミーとの契約は、アクド ʿaqd あるいはアフド ʿahd と表記されている。一般に、アクドが市民生活上の、法律にもとづく約束や契約を意味するのに対して、アフドは政治的な法令や条約をさして用いられる。いずれにせよ、アブー・ユースフやマーワルディーの記述によれば、ズィンミーに対する信仰の自由と安全の保障は、ムスリム側からの一方的な提示ではなく、さまざまな条件をつけたうえで、相互の契約あるいは盟約という形式をとっていたことになる。ズィンミーには新カリフに対する「忠誠の誓い」(バイア)をする権利はなかったが、政権の担当者とズィンミーとの間には、信仰の自由と人頭税の納入にかんして、ある種の契約あるいは盟約が交わされていたのである。この契約にもとづいて、ズィンミーはダウラのなかで生命と財産の安全(アマーン amān)を保障され、一定の社会的地位を得ることができたのだといえよう。

前述のように、征服者のアラブ人ムスリムは、貢納の取得や税金の徴収を第一に考え、先住民の改宗にはそれほどの熱意を示さなかった。しかしウマイヤ朝からアッバース朝へかけて、イラク、イラン、エジプトなどでは、キリスト教、ユダヤ教、あるいはゾロアスター教などからイスラームへの改宗が徐々に行われた。

R・バレットは、ハーキム・アッナイサーブーリー(一〇一四年没)の『ニーシャープール史』*Taʾrīkh Naysābūr* など、イラン・アラブ地域の都市史や人名辞典に記された有力者たちの家系をたどり、いつからムスリム名(ムハンマド、アリー、ハサンなど)が登場するかを調べることによって、イスラーム化の進展度を類推した。それによれば、アッバース朝が成立した七五〇年の時点では、イランの全人口に占めるムスリムの割合は、わずかに八%であったが、九世紀初頭になると四〇%、一〇世紀には七〇—八〇%にも達した。イラクではこれより早くからイスラーム化が進んでいたが、逆にエジプトではイスラーム化の進展は遅く、ファーティマ朝時代のはじめ、つまり一〇世紀前半の段階ではまだコプト教徒(「キリストは神人の合一した一なるものである」ことを信条とする単性論派のキリスト教徒。四五一年カルケドン公会議で異端とされた)が多数派を占める状態がつづいていた。しかし一二—一三世紀頃になると、エジプトの全人口に占めるコプト教徒の割合は、現代と同じく、およそ一割程度にまで減少していたと推定される(Bulliet, 1979; 佐藤、二〇〇〇年、三五頁)。

改宗の動機はさまざまであり、農村から都市へ移住した非アラブのマワーリーは税制上の平等を求めて改宗した者であり、またアーヤーン(在地の有力者)やディフカーン(村長)は、新政権と良好な関係を築き、それによって自らの社会的地位を保つために早くからイスラームに改宗したとされている。しかもイスラーム社会では、アミールや官庁の長官職などのように、ズィンミーがムスリムを差配する地位に就くことはできないとされていたから、まずムスリムであることが出世や地位の保証に有利に働いていたことは確かであろう。

マーワルディーは、ズィンマの盟約に際し法的な義務として六つの条件をあげていた。『統治の諸規則』では、これにつづいて「法的に推奨されること」として、さらに次の六条件が記されている。

(一) 衣服にギヤール(区別のための印)をつけ、ズンナール(ベルト)を締めることにより、外見を〔ムスリムと〕異なるようにすること。

(二) ムスリムの家より高い家を建てないこと。

(三) 教会の鐘の音や聖書などを読む声をムスリムの耳まで届かせないこと。

(四) ムスリムの近くで葡萄酒(ハムル)を飲んだり、十字架や豚肉(ハンズィール)をみせびらかしたりしてはならない。

(五) 死者の埋葬は密かに行い、ムスリムの近くで死者のために泣いたり、嘆いたりしてはならない。

(六) 馬(ハイル)に乗ることは禁じられるが、ラバ(バグル)やロバ(ヒマール)なら乗ってもよい。(『統治の諸規則』p.145；湯川訳『イスラム世界』二七・二八、七一頁)

これらの条件は、ズィンミーが自発的に新しい教会や修道院を建設しないこと、自分の子供にコーランを教えないこと、ムスリムと区別される服装をすること、葡萄酒を売らないこと、葬列がムスリムに近づかないようにすること、ムスリムより高い家を建てないことなどを約束した、いわゆる「ウマルの誓約」'Ahd 'Umar とよく似ている。「ウマルの誓約」とは、六三八年にカリフ・ウマルがエルサレムを征服したとき、町のキリスト教徒との間に協定を交わしたとの伝承にもとづいて、後世のウラマーが独自に作成したものである(「誓約」の内容については、Stillman, 1979, pp.157-158 を参照)。タバリーによれば、和約(スルフ)による征服後、ウマルはエルサレムのキリスト教徒に対して、ジズヤの納入だけを条件に、人びとの生命の安全と教会の保全・僧侶の地位確保などを保証したとされているく(『使徒たちと諸王の歴史』I, p.2405f)。したがって「ウマルの誓約」が、エルサレム征服の事実にもとづくことなく、後の時代になってから恣意的に作成されたことは明らかである。

「ウマルの誓約」の作成時期や作成の意図については不明な部分が少なくないが、マーワルディーのような法学者にも影響を与えている点で、簡単には無視しえない重要性をもつものといえよう。

『統治の諸規則』はカリフ政治の理想論であったとしても、ズィンミーを差別する世論をつくりあげるうえで、一定の影響力を及ぼしたにちがいないからである。ズィンミーに対する差別観は、歴史のなかでは間欠的な噴火のように社会の表面に浮かび出てきたが、その背景にはそれぞれの時代に固有な経済的・社会的要因がひそんでいた。しかし差別の強弱はともあれ、ズィンミーのなかには、以上のような生活上の制約を嫌って、あるいはこのような規制の実行をカリフやスルタンに迫る世論に押されて、イスラームへの改宗の道を選んだ者も少なくなかったと思われる。

三代をへれば平等

しかもズィンミーが改宗した場合でも、彼らがそのまま先輩のアラブ・ムスリムと同等に扱われることはなかった。新改宗者はムスリム社会のなかでは新参者とみなされ、改宗から三代をへて、ようやく古参のムスリムと平等(カファーア kafā'a)であると考えられた。イスラームの理念からすれば、たとえ新改宗者(マウラー、複数形マワーリー)であっても、ウンマを構成する同胞として古参のムスリムと同等の地位を占めるはずであるが、現実には両者の社会的位置づけにはいくらかのずれが生じていたのである。

カファーアは、イスラーム以前のアラブ社会に根ざす観念であり、もともとは「天秤量りの釣り合いがとれた状態」を意味していた。これから転じて、婚姻関係をむすぶ場合に家柄や財産などを勘案して、双方の家が釣り合いのとれている状態をさして用いられるようになった。初期イスラーム時代には、マウラーの女性はアラブの女性より下位にあるとする見方もあったが、マーリク派の祖マーリク・ブン・アナスは、「すべてのムスリムはカファーアである」として、この考え方を批判したと伝えられる。またムスリムの解放奴隷を例にとれば、当の解放奴隷よりはその息子の方が好ましく、その息子より孫の方がさらに好ましいとされ、こうして三代をへれば、すべてのムスリムはカファーアとみなされたのである(Lewis, 1990, pp.85-88)。

それでは、黒人男性とアラブ女性との結婚はどうだったのだろうか。一般には、このような結婚は「眉をひそめるようなもの」と受け取られた。事実、初期イスラーム時代には、黒人がアラブ人女性

図 7　奴隷売買の絵．左側の奴隷を購入するために貨幣を量っている．パリ国立図書館蔵．

出典）*Pages of Perfection*, St. Petersburg, 1995, p.81.

と結婚することは、カファーアの原則からいっても、およそ不可能なことであった。法学者が日頃から説いていたのは、「それぞれ相応の者と結婚しなさい」ということだったからである(Lewis, 1990, p.88)。

しかしこのカファーアの原則が、別のところでは、逆に社会の均衡を保つ働きをしていたことが分かる。生まれ故郷のバグダードで医学や神学を講じていたイブン・ブトラーン(一〇六六年没)は、奴隷の購入に際して、どのような点に注意を払うべきか、また生育地によって奴隷の性格はどのように異なるかをきめ細かく記した、『奴隷購入の書』*Risāla fī Shirā al-Raqīq*を著した。この書のなかで、イブン・ブトラーンは、「たとえ黒人奴隷(ザンジュ)の子供であっても、白人(ビード)との婚姻をくり返して三代をへれば、黒人は白人となる」(I, p.371)と述べている。

この場合の黒人とは、スーダンやヌビアなどアフリカ大陸内部の出身者をさし、白人とはアラブ人、イラン人、トルコ人、クルド人などをさして用いられる。イブン・ブトラーンの指摘は、イスラーム社会のなかに、他者がどのようにして同化していくのかの慣行を示すものとしてきわめて重要である。一滴でも黒人の血が残っていれば、あくまでも有色人種 colored と認定される現代のアメリカ社会とくらべてみると、イスラーム社会が早くから他者の受け入れに柔軟で、しかも現実的な社会慣行をつくりあげてきたことが知られるであろう(佐藤、一九九一年a、三二頁)。

2 「剣の人」と「筆の人」

ジハードの担い手

イスラーム社会には、公職(ワズィーファ wazifa)の担い手を「剣の人」と「筆の人」に分類する伝統があった。すこし時代は下るが、カルカシャンディー(一三五五―一四一八年)の百科事典『黎明』*Subh al-A'shā* には、次のような分類法が記されている。

（一）「剣の人」(アルバーブ・アッスユーフ)の職
　宰相(ワズィール)、侍従(ハージブ)、マザーリム長官、軍司令官、メッカ巡礼を護衛するアミールなど。

（二）「筆の人」(アルバーブ・アルアクラーム)の職
　宰相、裁判官(カーディー)、市場監督(ヒスバ)、寄進財産やモスクの管理者など。
(『黎明』III, pp.273-274；佐藤編、一九八六年、二二―二三頁)

宰相の職が両方に入っているのは、ブワイフ朝(九三二―一〇六二年)時代以降のワズィールのなかに、軍司令官として軍隊の指揮を執る者があったからである。また、マザーリムとは、行政の不正を統治者に直接訴え出る法廷のことであり、多くの場合、曜日を定めて、カリフやスルタンの主宰のもとに、マザーリム裁判官による審理が行われた。この法廷の管理にあたっていたのが軍人出身のマザーリム長官である。

まず初期イスラーム時代の「剣の人」についてまとめてみよう。七世紀はじめに大征服が開始されると、半島のアラブ人はカリフの勧めに応じてこれに従い、彼らは家族を伴って征服地に移住した。しかしこれらのアラブ人ムスリムは、まだ戦利品目当ての自発的な参加者であった。彼らが正式な戦士（ムカーティラ）として台帳に登録され、それにもとづいて俸給が支払われるようになるのは、前述のように、カリフ・ウマルの時代からである。この制度化によって、はじめてウンマの防衛とジハードの担い手としてのアラブ戦士が登場したといえよう。

征服地に移住し、軍営都市（ミスル）に住み着いたアラブ戦士は、総督（アミール）から賃金を受け取る俸給生活者となった。サーリフ・A・アルアリーによれば、七―八世紀のバスラでは、数家族からなるアシーラ（氏族）を単位にして軍隊編成や社会編成が行われ、戦士への俸給もこのアシーラを通じて支払われた（al-ʻAli, 1953, pp.46-56）。新しい征服戦争があれば、これに参加した戦士の収入はそれだけ増大したが、概して下級戦士の生活は苦しく、彼らの経済的不満がカリフ・ウスマーンの暗殺事件（六五六年）を引き起こす要因であったとされている。

イラン東部のホラーサーン地方は、六五〇年、バスラ駐屯のアラブ軍によって征服された。この征服を機にバスラからホラーサーンへ移住したアラブ戦士の数は約四万に達し、やがて彼らはホラーサーン軍 Khurāsānī の名で知られるようになった。M・シャロンによれば、「ホラーサーン軍はトルコ人に対するムスリムの盾」であり、東方の最前線にあって、不断の戦闘で鍛えられた精鋭部隊であった（Sharon, 1983, pp.53-54）。彼らはアッバース朝革命軍の主力を構成し、新国家の成立後は、バグダードの円城内に駐屯してカリフ権をささえた。当時のホラーサーン軍はすでに純粋なアラブ軍ではなかったが、円城内に駐屯する軍隊の数は約三万に達したと推定されている。カリフ・マンスールがこれらのホラーサーン軍を「王朝の民」として篤く信頼したことは第一章で述べた通りである。

しかしアッバース朝の成立からおよそ半世紀をへて、ホラーサーン軍の多くはその子供たちの世代へと交代していた。バスラ出身の文人ジャーヒズ(七七六頃―八六八/九年)は、『トルコ人の美徳』*Manāqib al-Turk* のなかで、カリフ・ムータスィム(在位八三三―八四二年)時代の軍隊構成を次のように伝えている。革命運動の担い手であると同時に、カリフの軍隊であるとの自負をもつホラーサーン人、血の絆と古い伝統を誇るアラブ人、篤い忠誠心をもち、主人の苦境のときにこそ信頼されると自負するマワーリー、バグダードでカリフの身辺を警護するアブナー(文字通りには「子供たち」の意味、ホラーサーン軍の第二世代)、それに新しく採用されたトルコ人マムルークである(佐藤、一九九一年a、五〇―五二頁)。

この時代のマワーリーはいわばカリフの腹心であるが、もともとは非アラブ出身の改宗者であった。ホラーサーン軍とその子孫たちも、純粋なアラブでなかったことはすでに述べた通りである。これらに加えてトルコ人マムルークが新たに参加したから、半島出身のアラブ人が軍事力の中心をなす時代はすでに終わっていたことになる。大征服の開始からおよそ一世紀半あまり、なぜアラブ・ムスリムは、軍事にたずさわることを止めてしまったのだろうか。

この疑問に対して、D・パイプスは次のように答えている。イスラームは本来政治と不可分の関係にあり、共同体(ウンマ)、カリフ制(ヒラーファ)、聖戦(ジハード)のなかに、ムスリムの政治・宗教的な理想が集約されていた。しかし彼らは、王朝の分裂と内紛によってこの理想の実現が困難なことを悟るにつれて、公の仕事や戦争からしだいに身をひき、もともと軍事より価値をおいていた学問研究へと向かうようになった。この間隙をうめるために採用されたのがマムルーク軍人である(Pipes, 1981, pp.62-75)。

しかしアラブ人が学問へと転じた後の空白をマワーリーやトルコ人マムルークが穴埋めしたとの考えは、実際の歴史事実とは異なるとみなければならない。以下にみるように、アッバース朝のカリフは、やむなくマムルーク騎士を採用したのではなく、その能力を見定めたうえで、カリフ権強化のために進んで新軍を編成したのである。

マムルーク騎士の登場

マムルーク mamlūk とは、イスラーム法制上は、アブドと同じく男奴隷を意味するアラビア語である。ちなみに男の自由人はフッル、女の自由人はフッリーヤ、女奴隷はアマあるいはジャーリヤと呼ばれた。歴史史料のなかでは、黒人の奴隷兵(アビード、アブドの複数形)に対して、マムルークは、トルコ人、スラヴ人、アルメニア人、グルジア人、ギリシア人、チェルケス人、モンゴル人などのいわゆる「白人奴隷兵」をさして用いられた。

奴隷兵としてのマムルークの採用はウマイヤ朝までさかのぼるが、アッバース朝時代になると、マワーリー(解放奴隷)やマムルークを重用する、さらに積極的な政策が採用された。第二代カリフのマンスールは、アラブ人に優先して彼のマワーリーやマムルーク(当時の史料では、しばしばギルマーンと称される)をさまざまな要職に抜擢したことで知られる。後のカリフ・マームーン(在位八一三―八三三年)も、自らが選択した髭のない、しかも顔立ちの立派な四〇〇のマムルークに身辺の警護と政務の処理をまかせていたという(マスウーディー『黄金の牧場』IV, p.22; 佐藤、一九九一年a、四三頁)。

このような先例を踏襲して、トルコ人マムルークをさらに大規模な形で編成したのは前述のカリフ・ムータスィムであった。ムータスィムは、即位前から三〇〇〇騎とも、あるいは四〇〇〇騎ともいわれるマムルークを保持していたが、即位後には、これらのマムルーク軍団はさらに増強され、まもなく七〇〇〇騎に達したとされている（Pipes, 1981, p.148）。同時代のアラビア語史料は、トルコ人奴隷兵をマムルークと表記することもあるが、多くの場合、「トルコ人グラーム」（複数形でギルマーン・アトラーク ghilmān Atrāk）と記している。グラーム ghulām とは、少年、召使い、奴隷などを意味するアラビア語であったが、しだいに「若い奴隷兵」をさして用いられるようになった。ただ、当時のバグダードで「トルコ人」といえば、ばくぜんとアム川以東（マーワラーンナフル）の出身者を意味していたから、この軍団のなかにはイラン系の武人もかなり含まれていたらしい。

ところがムータスィムによるトルコ人マムルークの導入は、バグダードの市民生活を極度の混乱に陥れる結果をもたらした。彼らは宮廷内の勢力争いにくわわって相互に殺人を行い、またバグダードの市中に押し入って乱暴や狼藉をほしいままにした。このため、町の人びとは粗野なトルコ人マムルークをイルジュ（「よそ者」あるいは「ロバ」の意味）と呼んで、彼らに対する嫌悪と侮蔑の気持ちをあらわにした。町のある長老は、ムータスィムへの訴えのなかで、

「あなたはよそ者を連れてきてわれわれのなかに住まわせた。そして子供から父親を奪い、女からは夫を引き離し、彼らをもってわれわれの家族を殺したのだ」（タバリー『使徒たちと諸王の歴史』III, pp.1180-81）。

と述べたという。

しかもカリフによるマムルーク軍の編成は、それまで「王朝の軍隊」として名誉と特権を保持して

きたホラーサーン軍とその第二世代の激しい反発を招く結果をもたらした。後述するように、文人ジャーヒズが『トルコ人の美徳』を著したのは、トルコ人も他の軍団と同じく、国家（ダウラ）を防衛する資質を十分に備えた戦士であることを明示することによって、旧軍と新軍との宥和をはかることが第一の目的であった。しかし、このようなジャーヒズの努力にもかかわらず、対立する軍団相互の宥和をはかることは難しかった。八三六年、結局ムータスィムは両者の軋轢を避けるために、子飼いのマムルーク軍団を率いて、バグダードの北方一二五キロメートルにあるサーマッラーへの遷都を余儀なくされた。この時から八九二年までのおよそ五〇年間、サーマッラーはバグダードに代わってアッバース朝の首都としての地位を保ちつづけることになる。

サーマッラー遷都後のマムルーク軍団は、カリフの庇護をえて勢力を伸張し、やがて彼らの主人であるカリフの改廃にまで介入するようになった。ムータスィムから二代後のカリフ・ムタワッキル（在位八四七―八六一年）は、シリア、アルメニア、コーカサス方面から徴募した人材によって新軍を編成し、サーマッラーのトルコ軍をこれに吸収してその勢力削減をはかろうとした。しかしこの政策に危機感を覚えたトルコ人マムルークは、八六一年一二月、ムタワッキルとその腹心の部下ファトフ・ブン・ハーカーンを殺害した。これを機にアッバース朝治下のイラクは混乱期を迎え、まもなく南イラクを舞台にザンジュの乱（八六九―八八三年）が勃発する（Gordon, 2001, pp.88-90）。

これ以後においても、トルコ人、スラヴ人、チェルケス人などのマムルークは、セルジューク朝、アイユーブ朝、マムルーク朝などイスラーム諸国家のなかで軍事力の中核でありつづけた。なぜ奴隷あるいは奴隷出身のマムルークが、長期間にわたってダウラ防衛の任にあたってきたのだろうか。第三章でくわしく述べるように、イスラーム社会の奴隷は、ギリシアやローマの奴隷と比べればより寛大に扱われ、信仰の自由があるばかりでなく、結婚も可能であり、教育の機会を与えられることも珍しいことではなかった。コーランの教え（たとえば第四章九二節）に従って、奴隷身分からの解放もさかんに行われたが、解放後も元の主人との間には個人的な主従関係が保たれた。これをワラー walāʾ 関係という。カリフやスルタンとマムルークとの関係も同様であった。ムスリムとなったマムルークは、解放後も主人に対する篤い忠誠心を保ちつづけ、この忠誠心と団結心が権力を支えたのである。奴隷制度を利用した、若い人材の確保と、ゆるやかな制度の運用による主従関係の維持、このふたつがマムルークの存続を可能にした要因であったと思われる。

ジャーヒズのトルコ人論

マムルークの問題をさらに具体的に考えるために、前述したジャーヒズのトルコ人論をとりあげてみることにしたい。七七六年頃、イラク南部の港町バスラに生まれたジャーヒズは、貧しい少年時代を過ごし、魚を売りながらコーラン学校へ通ったと伝えられる。しかし船乗りと職工、商人と両替商、禁欲主義者と放浪者などでにぎわう港町を歩きまわるうちに、自然とバスラの学風——現実主義と合理主義——を身につけていった。信仰と理性の問題を扱った最初のエッセイがカリフ・マームーンの目にとまり（八一六年）、これを機にジャーヒズは故郷のバスラからバグダードの都へと上っていくことになる。

それから約五〇年間、バグダードとサーマッラーで『動物の書』*Kitāb al-Ḥayawān* や『けちんぼども』*Kitāb al-Bukhalā'* などの書を編纂し、また多数の小論を発表して、アッバース朝体制の擁護とムータズィラ派神学の正当化に努めた。容貌は怪異であったが天才にめぐまれ、アラブの古詩や民間伝承を取り入れた散文学（アダブ）の分野を新たに開拓した。八六八／九年、バスラで没するまでに書かれた著作は約二〇〇点に達するが、そのうち現在でも完全な形で残っているのは、わずかに三〇点だけである（Pellat（ed.），1969，pp.3-27）。ジャーヒズは、『女奴隷と男奴隷の書』や『黒人が白人に優っていることについて』など、ユニークな小論をいくつも著したが、ここでとりあげるのは、アラビア語による最初のトルコ人論として名高い『トルコ人の美徳』の書である。

この書は、トルコ人マムルークを本格的に導入したカリフ・ムータスィムの時代に執筆された。全体は三部からなり、それぞれがジャーヒズの保護者であったトルコ人の高官ファトフ・ブン・ハーカーンあて書簡の体裁をとっている。ジャーヒズは、第三書簡の冒頭で、「もしトルコ人の美徳にかんする書が、他の軍人たちの欠点をあげつらうことによってしか可能でないとすれば、この記述をすべて破棄してしまった方が望ましい」（『トルコ人の美徳』p.196）と述べている。これによれば、著者は諸軍団の相互関係を十分に配慮し、しかもバランスのよい記述を心がけていたようであるが、結局、「その説明が長くなるような理由」（同書 p.196）によって、この書はカリフのもとには提出されなかった。前述のように、ファトフは後にカリフ・ムタワッキルと結んでトルコ人マムルークの勢力削減をはかり、逆に彼らの反撃によって殺害された人物である。あるいはファトフは、すでにムータスィムの時代から、トルコ人マムルークの台頭を危惧する気持ちをひそかに抱いていたのかも知れない。この書がカリフに提出されなかった問題には、ジャーヒズの保護者であると同時に、カリフの側近でもあったファトフが密接にからんでいるように思われるが、事の真相はなお不明である。

各書簡の内容は、およそ以下の通りである(くわしくは佐藤、一九九一年a、四九—五四頁を参照)。第一書簡では、トルコ人をのぞくカリフ軍の一般的特徴が叙述される。まずホラーサーン軍は自ら次のようにいう。われわれはアッバース朝国家の家臣であり、革命運動の支持者である。また選ばれたイマーム(カリフ)のための選ばれた軍隊であって、もし各地の騎士が一堂に会したなら、きっとわれわれがもっとも多くの人の目にとまり、畏れられることであろう。次にアラブ人については、血縁関係は、古い伝統、父や家族への服従、詩のたくみな読誦などによって完全なものとなるが、これはアラブ以外には知られていない。つづいてマワーリーは、われわれは心からの助言と主人への強い愛によって、主人が苦境にあるときにこそ信頼されると述べる。これに対してアブナー(ホラーサーン軍の第二世代)はこう主張する。われわれは王朝誕生の地ホラーサーンの出身であるが、現在の働き場所はカリフのいるバグダードであり、玉座への近さにおいてわれわれに敵う者は誰もいないであろう。

第二書簡では、ジャーヒズはおよそ以下のように述べる。人は兵士の種類が異なれば、当然、実態も異なると考えるかもしれない。しかしたとえば、マワーリーがアラブの一部に編入されたとしても、それは叔父を父親とするほどの驚きではないのであって、彼は心からの同盟者(ハリーフ)であり、近親の甥なのである。またアブナーは、生まれからすればホラーサーン人であるし、マワーリーも血代償金(イスラーム時代以後、殺人などの傷害事件の当事者に科された罰金)の支払い義務があることからすれば、アラブ人と同じである。このように考えれば、トルコ人は〔出身からいえば〕ホラーサーン人であり、かつカリフの腹心(マワーリー)であるから、彼らもまたイスラーム共同体に帰属する。

以上のことが理解されるなら、人びとの心は寛容となり、怨恨は消え去り、嫌悪の気持ちもなくなるにちがいない。

第三書簡。ここでは「トルコ人の美徳」がさまざまに列挙される。たとえば、アラブ人には馬上からの弓射の技術はないが、トルコ人は馬上から獣や鳥や人間を自在に射ることができる。彼らは馬による生活が長いので、並足や早足、あるいは長い旅にも耐えることができ、馬の飼育にもたけている。一般にトルコ人は、追従、甘言、偽善、中傷、気取り、悪口、放漫を知らず、また異端に走ったり、恋に身を滅ぼすこともない。他の民族に比べて、トルコ人は何よりも戦闘技術に秀で、彼らの関心はもっぱら征服、略奪、狩猟、乗馬におかれている。

以上が、ジャーヒズによるトルコ人論の概要である。安定したカリフ体制を維持するためには、トルコ人マムルークの導入によって生じた軍団相互の感情的な対立や緊張関係を早急に解消する必要があった。このような状況のもとで、ジャーヒズは『トルコ人の美徳』の書を著し、たとえ外来のトルコ人マムルークであっても、すぐれた騎馬戦士であるがゆえに、彼らもまたカリフの軍隊(ジュンド・アルヒラーファ)として、アッバース朝国家を守護するにふさわしい存在であることを示そうと考えたのである。

国政をになう官僚たち

次に第二の職種としての「筆の人」について整理してみよう。その中心は、書記(カーティブ kātib)と呼ばれた官僚群である。先に述べたように、アラブ戦士の登録簿はアラビア語でディーワーンと表記されたが、まもなくこの帳簿をあつかう官庁自体がディーワーンと呼ばれるようになった。七世紀の半ば、イスラームの国政を整えた第二代カリフ・ウマルの統治時代のことである。

ウマイヤ朝時代になると、国家の業務も複雑化し、それに対応して首都ダマスクスには、国庫収入の第一である地租の徴収を管轄する租税庁(ディーワーン・アルハラージュ)、各種の公文書を起草する文書庁(ディーワーン・アッラサーイル)、これらの文書を点検して押印する印璽庁(ディーワーン・アルハータム)、軍隊の登録と俸給授与を担当する軍務庁(ディーワーン・アルジュンド)などが設置された。

アッバース朝時代になると、社会・経済の発展に対応して、有力者が所有する私領地(ダイア)を管轄する私領地庁(ディーワーン・アッダイア)、租税庁から支出部門を独立させた支出庁(ディーワーン・アッナファカート)、地方への命令伝達と情報収集を行う駅伝庁(ディーワーン・アルバリード)、カリフへの直訴を扱うマザーリム庁(ディーワーン・アルマザーリム)などが円城内に増設された。カリフ・マフディー(在位七七五—七八六年)は、これらの官庁を監督するため、各官庁ごとに監査庁(ディーワーン・アッズィマーム)を設置したが、後にはこれらの監査庁を統合して最高監査庁(ディーワーン・ズィマーム・アルアズィンマ)を設置した。また、首都がふたたびサーマッラーからバグダードに戻った後の一〇世紀はじめ、ムクタフィー(在位九〇二—九〇八年)は、租税庁を三分割し、イラクの租税業務を担当するサワード庁(ディーワーン・アッサワード)、イランを担当する東部庁(ディーワーン・アルマシュリク)、シリア・エジプトを担当する西部庁(ディーワーン・アルマグリブ)を新たに設けて、税務行政の円滑化をはかった(*EI.* new ed., Dīwān)。

これらのディーワーンで働く書記は、アラビア語の文書を起草する技能(キターバ)と計算の技能(ヒサーブ)とを備えた技術官僚であった。ウマイヤ朝時代のダマスクスでは、アラブ人ムスリムのほかに多数のキリスト教徒が採用され、エジプトの州都フスタートの地方官庁では、在地のコプト教徒が、またイラクのクーファではイラン人ムスリム(マワーリー)が書記として活躍した。これらの地方官庁では、軍人の登録や俸給の支払いはアラビア語で行われていたが、租税の徴収については各地に固有な言語が用いられていた。したがって中央と地方をむすぶ行政を円滑に行おうとすれば、領域内の行政用語をまずアラビア語に統一する必要があった。

この改革に着手したのが、ウマイヤ朝のカリフ、アブド・アルマリク(在位六八五—七〇五年)である。六九七年、イラク総督のハッジャージュは、カリフの指示を受けて行政用語をペルシア語からアラビア語に改める命令を下した。これに対してイラン人官僚のベテランは、「アラビア語による計算を任せられる人物が見つからない」として抵抗したが、これらの反対を押し切ってアラビア語の使用が実行に移された(ジャフシヤーリー『宰相と書記の書』p.38)。この改革につづいて、七〇〇年にシリアの地方官庁での行政用語がシリア語からアラビア語に変更され、七〇五年には、エジプトでの行政用語がコプト語からアラビア語に改められた。なおイランの地方官庁については、ペルシア語からアラビア語への切り替えが実施されたのは七四二年のことであった。

以上のように、アッバース朝時代以降、官庁の数が増大し、行政事務も複雑化すると、これらの官庁や役人を統括する宰相(ワズィール wazīr)の職が新たに設けられた。しかし初期のワズィールは、カリフの私設秘書的な存在であったから、公の職としてのワズィールがいつから始まったのかを確定することは意外にむずかしい(Sourdel, 1959-60, I, pp.41-61)。代々ナウバハール(現アフガニスタンのバルフ近くの町)の仏教の僧院長を務めてきたバルマク家のハーリド(七八一／二年没)は、ウマイヤ朝の末期にバスラでイスラームに改宗し、アッバース朝の初代カリフ、アブー・アルアッバースから軍務庁と租税庁の管理をまかされ、事実上の宰相としてふるまった。

その息子ヤフヤーは王子ハールーン・アッラシードの養育係をつとめ、七八六年、ラシードがカリフに即位すると、直ちに官僚のトップであるワズィールに抜擢された。ただ官僚のトップとはいっても、諸官庁の長官(サーヒブ・アッディーワーン)などの人事権をすべて握っていたわけではなく、前述のように、八世紀後半に最高監査庁が設置されると、その長官が官僚人事の権限をもつようになった。ワズィールの権限と義務の中心は、人事よりは、むしろ予算の編成とその実行におかれていたといってよいであろう。ヤフヤーのふたりの息子、ファドルとジャーファルも、ホラーサーン総督や諸官庁の長官職を歴任し、とくに弁舌さわやかで、文章にもたけた弟のジャーファルはカリフの特別のお気に入りであった。このように、ラシードの治世中バルマク家は他に並ぶ者のない権勢を手中にしたが、八〇三年一月、メッカ巡礼から戻ったラシードは、ジャーファルを殺害してティグリス川の船橋のたもとにさらし、ヤフヤーとファドルを投獄の刑に処した。これはけっしてカリフの気まぐれな処置ではなく、バルマク家を排して自ら親政を布こうとするカリフの強い意志の現れであったと思われる(嶋田、一九七七年、一七九―一八四頁)。

イスラーム社会には書記を選抜する統一的な試験制度はなく、ディーワーンへの採用は、人的情報のネットワークを利用した「引き」(インティサーブ)によっておこなわれた。ただ、アッバース朝時代になると、書記の知識と技術を何代にもわたって継承する「書記の家」が形成されるようになった。もっとも当時の書記はキャリーアの最初から官庁に勤めるのではなく、有力者の家産を管理する経験などを積んだうえで官庁に採用される例が少なくなかった。町中を歩くときには、彼らはドゥッラーアと呼ばれる前あきの上着をはおり(Ibrāhīm, 2002, p.171)、また腰には葦のペン(カラム)とインク入りの筆立(マハービル maḥābir、文字通りには「インク入れ」の意味)を挿し込んだが、これらの衣服と道具は「筆の人」たちの誇りを示すステイタス・シンボルであったといえよう。

3　社会秩序の形成と王権

都市と農村と遊牧社会

西アジアを中心とするイスラーム社会は、多くの場合、都市民と農民と遊牧民から構成される複合的な社会であった。地域社会の構成を考えるうえで、歴史的変化を無視することはもちろんできないが、ここでは関連する史料の制約から、一三世紀エジプトのファイユーム地方を事例にして、社会秩序と王権との関係について具体的な考察を試みたい。

ファイユーム al-Fayyūm は、カイロから約一〇〇キロメートルほど南にあるナイル西岸の盆地である。伝説によれば、奴隷として古代エジプトの高官に仕えたヨセフは、上エジプトから長大な運河を引いて、この地域の開拓を押し進めた。この運河は、現在でも「ユースフの運河」Baḥr Yūsuf としてよく知られている。東西約八〇キロメートル、南北約五六キロメートルで、面積は日本の滋賀県にほぼ相当する。「ファイユームの村ひとつでエジプトの民を一日養うことができる」という評判通り、水利に恵まれた肥沃な農耕地帯として知られてきた。しかし一三世紀はじめ頃までには、運河や水路に土砂が堆積し、十分な水利用ができない状態となっていた。

アイユーブ朝時代のアラブ人官僚ウスマーン・アッナーブルスィー（一二六一年没）は、一二四三年、スルタン・サーリフ（在位一二四〇―四九年）の命をうけてファイユーム地方に赴き、二年間にわたる綿密な調査の結果を『ファイユームの歴史』*Tārīkh al-Fayyūm* にまとめた。ナーブルスィー自らの記すところによれば、彼はファイユームの町と周辺の一〇〇カ村をひとつひとつ訪ね、村長（シャイフ）やイクター保有者（後述）の書記、あるいは土地管理人（ハウリー）などからの聞き取り調査を積み重ねてこの記録を作成した。

まずファイユーム地方の要である町（マディーナ）については、およそ次のように記されている。「ここではマディーナの語は、各村落（バラド）がそれに帰属するところの意味に用いられる。したがってそれは、周囲を山に囲まれたいわば円の中心である」。二つの山すそが合わさるところをユースフ運河が流れ、その両側に反物屋（バッザーズ）や生薬商（アッタール）の市場、大モスク（ジャーミー）、小モスク（マスジド）および学院（マドラサ）、それに浴場（ハンマーム）や商館（ダール・アルワカーラ）などが建ち並んでいる。またこの町には、裁判官（ハーキム）や公証人（アーディル）をはじめとして、学院の教授（ムダッリス）、国庫の代理人（ワキール・バイト・アルマール）、医者（タビーブ）、さらに農場経営者（ターニー）や果樹園・家畜・種子の所有者たちが住んでいる。なお移動商人（ラッカード）もこの町に商品を運び込み、またそれらを運び出すことによって利益をえている（『ファイユームの歴

図 8　ユースフ運河の堰．ファイユーム地方の入り口にあるラーフーンに設置され，ここで水量の調節が行われた．

史』pp.26-31）。

次にこの町を取り囲む一〇〇カ村について、各村の景観や果樹園の有無、水利権、乗り物（ロバ）による町までの所要時間、作物や租税の種類とその額などが、鶏の数にいたるまで克明に記されている。ここで租税徴収の単位とされている行政村（バラド）は、ひとつの自然村（カルヤ）に相当する場合もあれば、カルヤとその周辺の枝村からなっている場合もあった。また大きな村の場合には、都市と同じように、一村がいくつかの地区に分かれ、そこでは互いに独立した日常生活が営まれていた。これらの村社会を構成する主要な階層は、ファッラーフーン（農民）あるいはムザーリウーン（小作人）と呼ばれる自作・小作の農民たちであった。なお、ほとんどの村について複数の村長（シャイフ）が存在するとされているが、これはおそらく村落内の居住区（ハーラ）ごとにシャイフがおり、それ

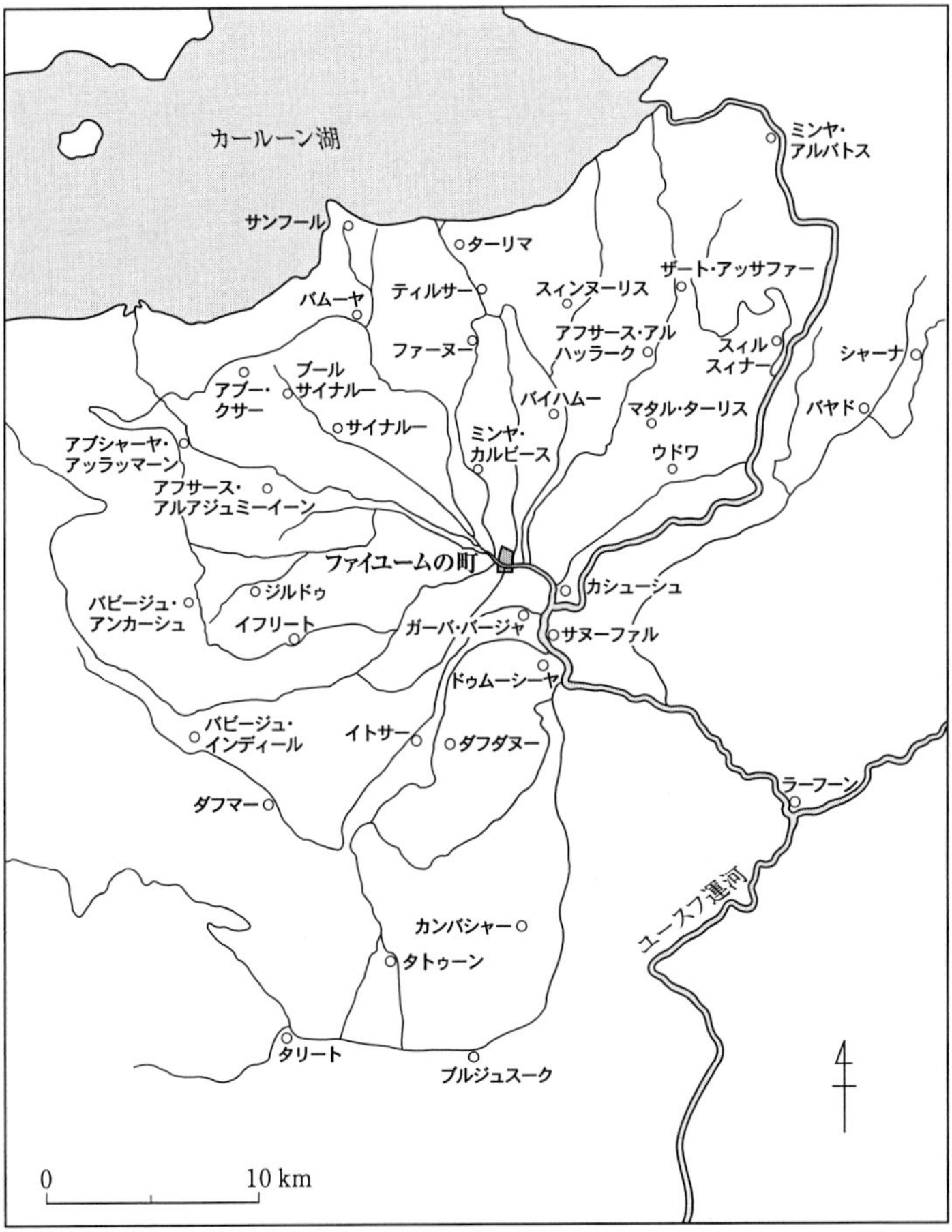

図 9　ファイユーム地方
出典）Sato, 1997, p.316.

ぞれが居住区のなかで、血縁者の長として「まとめ役」の任務を果たしていたのであろう（佐藤、一九八六年、二七三頁）。

ナーブルスィーによる調査の時点で、ファイユーム地方の住民は、すでに大半がアラブによって占められていた。彼らは、もともとはキラーブ族、アジュラーン族、ラワータ族のいずれかに属していたが、その後さまざまな氏族や集団に分岐したといわれる。いっぽう、土着のコプト農民が多数を占める村はわずかに二、三カ村を数えるのみで、彼らは村の警備を遊牧のアラブ部族（ウルバーン、アラブの複数形）にゆだね、一定の耕地からの収穫物をその見返りに当てている。なおファイユーム全体一〇〇カ村のうち、遊牧アラブに警備をゆだねている村は、わずかに七カ村であった。

以上のように、ファイユームの町には、裁判官や国庫の代理人、あるいは農場経営者などが居を構えていたが、このことは、町が王権や公職にある者、あるいは富裕者による農村社会の経営・管理の拠点であったことを示している。逆に、村落民の立場からみれば、町は経済的にも、また社会的にも「ネットワークの要」としての役割を果たしていた。ファイユームの各村は、いずれも町からロバに乗って数時間、最大でも半日以内の距離に位置していたから、朝早く村を出れば、夕方までには、町での用事を済ませて家に戻ることができた。つまり町はちょうど周辺農村の「市場（スーク）」に相当する働きをしていたのだといえよう。さらにファイユームの町には、全体で五つの学院（マドラサ）があり、シャーフィイー派のマドラサが三、マーリク派のマドラサが二であった。農村部についてはマドラサの存在は記録されていないので、周辺農村の子弟に高等教育を施す文化センターとしての機能やウラマーによる知的活動の中心は、もっぱらファイユームの町におかれていたことになる。

村の周辺では、遊牧民のウルバーンが、ある時は農民と契約して治安の維持をにない、またある時は暴力を用いる略奪者としてふるまうなど、プラス面でもマイナス面でも、つねに重要な社会的役割を演じていた。また、役人による租税の徴収など農村支配の拠点であったファイユームの町は、ゴマや米にかわって、当時新しく出回りはじめた砂糖きびを原料とする砂糖、あるいは野菜や果物(イチジク・ナシ・リンゴ・アンズなど)の集散地であると同時に、この地方における教育・文化活動の中心地でもあった。つまりファイユームでは、都市民と農民と遊牧民との有機的な結びつきによって、町を核とするかなり密度の濃い地域社会が形成されていたのである(佐藤、一九八六年、二六二—二八四頁)。

都市と王権

都市と王権の関係について独特の理論を展開したイブン・ハルドゥーン(一三三二—一四〇六年)は、『考察の書』の第一巻『歴史序説』*Muqaddima* で次のように述べる。ある民族が王権を手中にすると、彼らは簡素な生活を離れて、贅沢で繊細・華美な生活を営むようになる。つまり王権は奢侈と安息の生活を求めて都市を建設するのであり、その意味で都市は王権の副産物である、といえよう(森本公誠訳『歴史序説』三二五、六九九頁。なおムスリム都市研究については、羽田・三浦編、一九九一年を参照)。ここでいう都市は、前述した地方社会の町とは性格を異にするが、以下ではバグダードやカイロなどの大都市をイメージして議論をすすめることにしたい。

イブン・ハルドゥーンによれば、王権によって建設された都市には富が集中し、王権の所有者たちがそこで贅沢で繊細・華美な生活を営むようになるのは、自然のなりゆきだということになる。確かにアッバース朝の首都として建設された「平安の都」バグダードについてみても、このことは十分にあてはまるように思われる。軍隊や官庁内で高位を得た者、商売によって大きな富を蓄積した商人、その富を生かしてワズィールなどの官職を手中にした者、さらには絹製の贅沢な衣服を楽しむようになった商人出身のウラマーなど、カリフとその一族を頂点として富裕な特権者層が形成されはじめた。これらの人びとをハーッサ khāṣṣa（特別な人びと）といい、これと対比してムスリムの民衆をアーンマ ʿāmma（一般の人びと）と呼ぶ。

ハーッサに属する富裕者は、囲い込み、開墾、購入などの手段によって、私領地（ダイア）の獲得とその拡大に努めたが、これらのダイア所有者のなかには女性も含まれていたことに注意していただきたい（たとえばサービー『珍しいしくじり』pp.93-94, 263）。イラクの文人タヌーヒー（九九四年没）が著した『逸話集』*Nishwār al-Muḥāḍara* には、遺産の種類をめぐって次のような問答が記されている。

宰相のイブン・アルフラートが、「人が子孫に残すのには何が最善だろうか」と問うた。これに対して、ある者は「それは私領地（ダイア）だ」と答え、ある者は「不動産（アカール）だ」と答え、またある者は「金銀だ」といい、別の者は「貴重な宝石だ」と述べた（II, p.36）。

イブン・アルフラートは、カリフ・ムクタディル（在位九〇八―九三二年）の時代に何度かワズィールを務めた人物である。この問答から、当時のイラクではダイアの経営が安定した収入をもたらすものとして、高い評価を与えられていたことがうかがわれる（al-Dūrī, 1974, p.46）。遠隔地交易によって莫大な利益を手中にした商人も、ダイアの購入とその経営に積極的な意欲を示した。『バグダード史』の著者ハティーブ・アルバグダーディー（一〇七一年没）も、「ダイアを売り渡す者は没落し、これを購入する者は繁栄する」と述べている（『バグダード史』XIII, p.30）。アッバース朝時代の南イラクにはこのようなダイアが集中し、そこでは小作人や農業労働者を用いて、小麦（カムフ）、稲（アルッズ）、砂糖きび（カサブ・アッスッカル）、亜麻（カッターン）、ナツメヤシ（ナフル）など商品作物を基盤とする農業経営が行われていたのである（El-Sāmarrāie, 1972, pp.86-91）。

このようなダイア経営によって獲得された富と、遠距離交易によってもたらされた各種の商品はバグダードに集中され、九—一〇世紀には、円城南のカルフ地区が新興の商工業センターとしてめざましい発展をとげたことはすでに述べた通りである。人口の著しい増大と経済発展に対応して、市場での商取引を監督し、バグダードの社会秩序を維持するために、ヒスバ ḥisba を実行するムフタスィブ muḥtasib の職が設けられた。ヒスバとは、元来、イスラームの善なるものを奨励し、悪を禁じることを意味している。したがってマーワルディーが『統治の諸規則』のなかで述べるように、ムフタスィブは「助手を使って、非難されるべき行為を見つけだす」（p.240；湯川訳『イスラム世界』三一・三二、一〇六頁）ことを目的としていた。したがってその任務の対象は、理念的には、経済・社会・宗教生活の全般にわたるものとみなされたが、しかし現実には、その活動の範囲は市場での商取引の監督・是正へとしだいに絞られていく。

ヒスバ制度の起源について確かなことは不明であるが、バグダードの市場を監督する役職の呼称が、「市場の長」ṣāḥib al-sūq からムフタスィブへと切り替えられたのは、アッバース朝のカリフ・マームーン（在位八一三—八三三年）が在世中のことであった。同じ社会秩序の維持を目的としていても、裁判官(カーディー)と警察(シュルタ)とムフタスィブとの間の職務分担はかならずしも明確ではなかったといわれる。概していえば、カーディーが訴訟にもとづく案件を処理し、またシュルタが取り締まりを必要とする犯罪を扱ったのに対して、ムフタスィブは抗弁の余地のない明白な違反行為だけを監察の対象にした。彼らは礼拝への参加を促し、路上での男女間の礼儀を守らせ、さらにズィンミーに対して遵守すべきこと(本章「ズィンミーと改宗問題」を参照)の実行を迫ったが、ムフタスィブの第一の義務はやはり市場における取引活動の管理におかれていた。秤の基準を守り、信頼のおける取引を行うことが、都市生活に秩序をもたらす第一の条件だったからである(三浦、一九九七年、六四—六六頁)。

しかし皮肉なことに、ヒスバの制度が整えられる九世紀はじめ頃から、バグダードをはじめとするイラク都市社会の秩序は乱れはじめる。ハールーン・アッラシードの没後、その子アミーンとマームーンの兄弟がカリフ位をめぐって戦闘をくりかえしていたとき、アミーンが拠点としていたバグダードに奇妙な格好の集団があらわれた。上半身は裸でズボンをはき、ナツメヤシの葉でつくったヘルメットをかぶって葦製の盾をもち、小石と砂で武装していた。『黄金の牧場』の著者マスウーディーによれば、この集団は任俠・無頼の徒(アイヤール)と脱獄者からなる混成部隊であった(III, p.411)。彼らは、このような粗末な装備によって、バグダードを包囲するマームーンの軍隊に対して果敢な戦いを挑んだのである。彼らがどの程度の働きをしえたのかは不明であるが、おそらくこれがアイヤールによるイスラーム史上最初の集団行動であったろうと思われる。

清水宏祐によれば、同じ頃、イランのホラーサーンやスィースターン地方にもアイヤールがあらわれ、来襲する外敵に対して町の防衛に活躍した。しかし彼らは牢獄を襲って囚人を解放したり、飲酒のうえで暴力沙汰を起こしたりしたから、当局からは一貫して悪党のレッテルをはられていた（佐藤ほか、一九九四年、一三一—六二頁）。バグダードでは、カリフ権力の弱体化に乗じてアイヤールは活発な活動を展開し、カリフの館や大商人の倉庫を襲って略奪や放火や殺人をほしいままにした。とくにシーア派のブワイフ朝政権がイラクに誕生すると、スンナ派ムスリムとシーア派ムスリムの対立が表面化し、アイヤールも両派にわかれて武力衝突をくりかえすようになった。当時の史料は、このように都市生活の秩序が失われた状態をフィトナ（騒乱）と呼んでいる。

社会秩序を乱すアイヤールの活動に対して、警察は十分な取り締まりを実行することができなかった。なぜならアイヤールの行動には、勇敢で、物惜しみせず、しかも献身的にふるまうことを旨とする、男らしさ（ムルゥーワ）や若者らしさ（フトゥーワ）の精神が生きており、そのために民衆の篤い支持をえていたからである。一例をあげれば、一一世紀はじめ、ブルジュミーという名のアイヤールが警察に捕らえられ、水死の刑に処せられたとき、バグダードの人びとは次のような行動に出た。

金曜日が来ると、民衆（アーンマ）は説教師（ハティーブ）に対して暴動をおこし、次のようにいった。「おまえがブルジュミーのために説教するのなら、それでよい。しかしそれ以外のスルタンや他の者のために説教をしてはならない」。彼はバグダードで殺人を行い、多くの話題をまいた人物である。しかし彼には、若者らしさと男らしさがあり、女性や保護を求めて来た者に手を出すことはなかったのである（イブン・アルアスィール『完史』IX, pp.438-439）。

アイヤールの行動に対して、このような民衆からの支持が寄せられるいっぽう、彼らの暴力行為と破壊活動は、カルフ地区をはじめとして首都の各地域で活動する商人たちにはやはり大きな打撃であった。一〇―一一世紀にかけて、少なからぬ数の商人や知識人が、無秩序に陥ったバグダードに見切りをつけ、イラクを後にしてダマスクスやカイロをめざした。バグダードで育まれたイスラーム文化は、これらの人びとの移住によって、やがてナイル河畔のカイロへと移植されることになる(Ashtor, 1972, pp.185-214)。

農村社会と農民――アターイ体制の担い手

イブン・ハルドゥーンによれば、「農業は心の弱い人びとや田舎の民のように貧困にあえいでいる人びとの生計の道である」という(森本訳『歴史序説』七九二頁)。ここには農業や農民を見下す都会人の価値観があらわにみえているが、西アジアに興亡したイスラーム諸国家においては、農民から徴収されるハラージュ収入が一貫して国庫収入の第一位を占めてきた。中東は穀物農業の世界であり、人口の圧倒的多数は土地に生きる農民であった。八世紀以降、都市の発達によって、農産物をめぐる商取引が活発に行われるようになったことが、イスラーム時代における西アジア社会のいちじるしい特徴であるといえよう(Lambton, 1981, pp.287, 289-290 ; Johansen, 1988, p.3 ; Ashtor, 1976, p.36)。

たとえば一〇世紀の官僚ジャフシヤーリーが著した『宰相と書記の書』*Kitāb al-Wuzarā' wal-Kuttāb* をみてみよう。これによれば、ハールーン・アッラシード時代(七八六―八〇九年)のサワード(イラク中南部)の税収入は、現金換算した穀物収入が八〇七八万ディルハムであったのに対して、その他の現金収入は一四八〇万ディルハムであった(p.281)。つまりバグダードを含むサワード地方の総収入のうち、農民と地主に課せられるハラージュとウシュルの合計収入が、全収入の実に八四・五%を占めていたことになる。

九世紀頃までにイスラーム法の整備がすすみ、租税用語も明確に定義されるようになると、ハラージュは土地税、ウシュルは十分の一税、ジズヤ(あるいはジャワーリー)は異教徒に対する人頭税を意味するようになった。これと並行して、七世紀に武力(アンワ)で征服された場合にはハラージュ地、和約(スルフ)で征服された場合にはウシュル地とする法的基準が定められた。一〇世紀頃までのハラージュは現物で徴収され、その税率は収穫物の三〇―五〇%であった。いっぽう、自然の水で灌漑されるウシュル地の所有者は収穫物の一〇%、人工的な灌漑地の場合には五%を納めるものと規定された。しかも初期イスラーム時代には、ムスリムが所有する私有地にはウシュルを課し、ズィンミーが所有する土地にはハラージュを課すのが一般的な原則であった(*EI.* new ed., 'Ushr)。

これらの租税の納入は、村(カルヤ)を単位に一括して行われた。この納入に責任を負っていたのが、イラン・イラクではディフカーン、エジプトではマーズートと呼ばれる村長であった。ディフカーンの多くは、従来の特権的な地位を保持するために、早くから改宗してムスリムとなり、租税の徴収と村落の繁栄の維持とに責任をもつ存在であった。いっぽう、西方のエジプト、とくに上エジプトでは、アッバース朝時代になってからも、マーズートの多くはコプト教徒によって占められ、彼らはアラブ当局から徴税の最高責任者として認められていた(嶋田、一九七七年、一九九頁。森本、一九七五年、二四〇頁)。イラクやエジプトで、村長の呼称として、アラビア語で「長老」を意味するシャイフの語が一般化するのは、アラブ人の地主化が進行するアッバース朝時代以降のことであったと思われる。

各地で徴収された現物のハラージュは、特定の穀物商人の手をへて現金化され、国庫に納められた。

政府はハラージュ、ウシュル、ジズヤなどの税収入を集計して国家予算を編成し、軍隊や官僚に現金俸給（アターʿaṭāʾ）を支払った。この国家体制をアター体制と呼ぶ。このアター体制を維持するためには、整った徴税システムと高度に発達した貨幣経済の存在が不可欠であった。ウマイヤ朝からアッバース朝の中期にかけて、つまり八―一〇世紀にかけては、アター体制を維持するこれらの諸条件がかなり整っていたとみてよいであろう。

しかし租税を支払う農民の立場からすれば、イスラーム国家の租税制度はきわめて過酷であった。イラクやエジプトの農村社会は、村長のほかに、私有のダイアをもつターニーや自作農（ファッラーフーン）、あるいは小作人（ムザーリウーン、アッカール）などからなっていた。またアッバース朝時代のターニーは、私有地である小規模なダイアを所有し、政府にはウシュルを納める村の顔役としての性格をそなえていた。彼らは、在地役人による土地の査定に不正があれば、ただちに当局に訴え出て、これを訂正させるだけの実力の持ち主であったとされている（Sato, 1997, pp.33-34）。

いっぽう、自作・小作の農民についてみると、ズィンミーがハラージュ地を耕作する場合には、ハラージュとジズヤが課せられ、ウシュル地を耕すムスリムの場合にも、カリフ・マフディー（在位七七五―七八五年）の治世中から、ウシュルではなくハラージュの納入が義務づけられた（Morimoto, 1981, p.184）。さらにシャーフィイー派の見解によれば、ハラージュ地を耕すムスリムには、ハラージュにくわえてウシュルを課すことも可能であった。このようにして、アター体制を維持するために、しだいに厳しい課税方針がとられるようになったのである。

イラクやエジプトの農民たちは、逃散の手段に訴えてこのような重税から逃れようとした。E・アシュトールは、テル・マフレ(イラク)の主教ディオニシウス(八世紀)の作とされる史書を引用して、当局から追われる逃亡農民の状態がいかに悲惨であったかを描き出している(Ashtor, 1976, pp.66-67)。イラクに比べて、エジプトの場合には、さらに逃亡農民の事例が増大する。八世紀はじめになると、コプト農民たちは税を逃れるためだけではなく、流亡を発見され逮捕された場合の罰金や刑罰を恐れて、教会や修道院に逃亡した。これに対して当局は、修道院の徹底的な調査を実施し、あらゆる機会をとらえて逃亡農民の摘発に乗り出したのである(森本、一九七五年、一三四—一三五頁)。

追いつめられた農民たちに残された手段は抗租反乱であった。歴史家キンディー(八九七—九六一年)は、エジプト最初の農民反乱について次のように記している。

〔エジプト総督の〕フッルは、カリフ・ヒシャームへのハラージュの責任者であるウバイドゥッラーフ・ブン・アルハブハーブに書簡を送り、エジプトの土地は一ディーナールにつき二四分の一の割合で増税となる旨を通達した。〔すると〕タヌー、トゥマイ、クルバイト、トゥラービヤなどシャルキーヤ地方一帯で反乱が起こった。フッルは官庁の人間を送り込み、戦いとなって多くの農民が殺された。これは、エジプトにおけるコプト農民による最初の反乱(インティカード)であり、一〇七〔西暦七二五年〕のことであった(キンディー『総督の書』pp.73-74)。

シャルキーヤは下エジプト東部の地域であり、ここで増税策の実施を機に最初の農民反乱が勃発したことになる。これ以後、ウマイヤ朝からアッバース朝へかけてのエジプトでは、断続的に抗租反乱がくりかえされた。マームーン時代になって、さらに厳しい徴税がおこなわれると、八三一年、アラブやコプトの農民や地主が上下エジプトの各地で大規模な反乱を起こした。カリフ自らエジプトにおもむき、鎮圧軍の指揮を執ってようやく反乱は沈静化し、これ以後、安定した租税の徴収が可能になったといわれる(森本、一九七五年、一四七頁)。

遊牧民と国家

七世紀以降、アラビア半島のアラブ部族は、大征服と民族移動の波にのってイラク、イラン、シリア、エジプト、マグリブ、アンダルスなどの都市部や農村地帯に進出した。彼らのなかには、各地の都市に住み着いて戦士や商人になる者もあれば、農村に定住して地主や耕作民となる者もあった。また、征服地への移動後も、完全に定着せず、遊牧あるいは半農半牧の生活をつづけるアラブ人もあった。アラブの史書は、これらのアラブ人をいずれも複数形でウルバーン ʿUrbān、あるいはアーラーブ Aʿrāb と呼んでいる。たとえば一〇世紀の中頃、イラク南部の湿地帯(バターイフ)に拠点をおき、バグダード・バスラ間の交易路を押さえるとともに、漁師や盗賊を集めて独立の勢力を築きあげたイムラーン・ブン・シャーヒーンは、「アブー・アルウルバーン(アラブたちの親父)」の異名で知られていた(Sato, 1997, p.23)。

ウルバーンは町や村にへばりついて生活する定住民を軽蔑し、常に武器を携帯しながら馬やラクダに乗って行動する「強くて、しかも危険な輩」であった。カリフ政権が安定し、定住民との間に契約が成立すれば、ウルバーンは政府に軍事力を提供し、村や町の警備を請け負うこともあった。しかし権力が脆弱であったり、この種の取引が成立しなかったりすれば、ウルバーンは農民に荷担して反乱を起こしたり、町の略奪に走ったり、あるいは隊商やメッカ巡礼団を襲撃したりすることがあった。

一、二の例をあげれば、九二七年、アーラーブがクーファの農村地帯に侵入して略奪行為を働いたために、カリフは軍隊を差し向けて彼らを放逐した（イブン・アルアスィール『完史』VIII, p.180）。また三年後の九三〇年には、首都バグダードの東岸地区にアーラーブが侵入して人びとの衣服や商品を奪い去ったので、昼以外には路地の門を開けないよう命令が出された（ハムザ・アルイスファハーニー『高貴な歴史』p.157）。このように、そのまま放置しておけば危険な存在であるウルバーンを、いかにして政権内にとりこむことができるのか、これは歴代のカリフやスルタンが負っていた、きわめてやっかいな政治課題であったといえよう。

歴史家マクリーズィー（一三六四頃―一四四二年）の『エジプトのアーラーブにかんする解説と分析』*al-Bayān wal-I'rāb* は、これらのウルバーンの動向を具体的に記している点でなかなか興味深い著作といえよう。それによれば、彼らのなかには、定住して村のシャイフとなったり、耕作者や農民となったりする者もあれば、前述のように村の警備人（ハフィール）となって見返りの収入を取得する者もあった。またメッカ巡礼の案内人（ダリール・アルハーッジ）をつとめたり、「ラッパと軍旗つきのアミール」に任命されることもあった。しかし、そのいっぽうでは、略奪をもっぱらとしたために「雑税を食い散らす息子たち」（アウラード・タッワーフ・アルムクース）とあだ名される一族も登場する。さらに十字軍がエジプトに侵攻したときには、異教徒に荷担してムスリムの土地を奪うウルバーンさえあらわれた。マクリーズィーは、その時々の状況によって権力者の間を渡り歩くウルバーンを、「諸王の使節」（スファラー・バイナル・ムルーク）と評している（pp.5-6,7,17,21,26,42）。

マクリーズィーは、ウルバーンのなかには「ラッパと軍旗つきのアミール」に任命される者があったことを記しているが、イクター制（後述）の時代になると、スルタンがウルバーンの首長にアミール位やイクターを授与することは、国家の重要な政策のひとつとみなされるようになった。とくにマムルーク朝時代の初期には、エジプト・シリアをむすぶ街道沿いのウルバーンに対して、スルタンは各部族の首長にアミール位とイクターを授与し、彼らにはその見返りに駅伝（バリード）用の馬を供出することが義務づけられた。ウルバーンを体制内にとりこみ、同時に情報伝達のシステムを整える巧みな政策であったといえよう（佐藤、一九八六年、一八六―一八九頁）。

このようにウルバーンは、ムスリム社会にとって正と負の両面を併わせもつ存在であったが、イブン・ハルドゥーンは、新しい国家の建設は、血縁にもとづく強固な団結心（アサビーヤ ʿaṣabīya）をもつ遊牧民、つまり田舎の集団によってのみ達成されると説いている（森本訳『歴史序説』三〇一頁）。たしかに、西サハラに興ったムラービト朝（一〇五六―一一四七年）や北アフリカに建国されたムワッヒド朝（一一三〇―一二六九年）の場合のように、遊牧民がイスラームの新思潮にふれ、これを熱心に受け入れたときには、国家（ダウラ）建設へと向かう巨大なエネルギーが発揮された。しかし、ウマイヤ朝やアッバース朝に限ってみれば、国家を建設したのはこのようなウルバーンではなく、その担い手は都市に住むアラブの名士や戦士たちであったことにも留意する必要があろう。

第三章　後期イスラーム時代の国家と王権

1　カリフとスルタン

大アミールの登場

九―一〇世紀のアッバース朝は、安定した農業生産と活発な交易活動によって、ひきつづき経済の繁栄を謳歌することができた。九世紀末の歴史家ヤークービーは、「バグダードは、市域の広さ、建物の大きさ、人びとのにぎわい、水の豊富さ、空気の健やかさなどの点で、東西に並ぶもののない大都会である」（『諸国誌』p.233）と讃えている。しかし一〇世紀前後になると、アッバース朝は国家と社会のさまざまな局面で亀裂が生じはじめた。カリフの権威を否定する独立王朝の出現、マムルーク軍人の台頭と専横、政府に対し送金の任を負う地方総督の怠慢、前章で述べたアイヤールによる略奪・放火・殺人などが主たる原因であった。

まず地方の独立王朝についてみると、ホラーサーン総督のターヒルは、八二一年、カリフ・マームーンの名前を金曜日のフトバ(説教)から削除し、イラン東部にターヒル朝(八二一―八七三年)を樹立した。次いで鍛冶職人(サッファール)から身をおこしたヤークーブは、イラン中部のスィースターンにサッファール朝(八六七―九〇三年)を建国すると、まもなくターヒル朝を吸収して西方への進出を開始した。アム川以東のマーワラーンナフルでは、イラン系の土着貴族(ディフカーン)であったサーマーンが八世紀後半にイスラームへ改宗し、三代後のナスルがカリフからマーワラーンナフル全域の支配権を与えられて、事実上の独立国家であるサーマーン朝(八七五―九九九年)を建設した。いっぽう、西方のエジプトでも、トルコ人マムルークの息子イブン・トゥールーンが、バグダードへの税の送金を拒否して独立のトゥールーン朝(八六八―九〇五年)を樹立し、フスタートに首都を定めた。

これらの独立王朝が出現すると、アッバース朝カリフの権威がおよぶ範囲は縮小し、国庫収入も著しく減少した。国庫収入の減少によって軍隊への俸給支払いが滞ると、主権者であるカリフでさえ軍隊を十分に掌握することは困難となった。財政の責任者である宰相(ワズィール)は次々と更迭されたが、人事を刷新するだけではこの事態を打開することはできなかった。また前述のように、カリフ権を補強するために採用されたはずのマムルーク軍団も、しだいに勢力を蓄え、ムタワッキルの暗殺(八六一年)後は、カリフの改廃をも自由に行うようになった。モンゴル時代の歴史家イブン・ティクタカー(一三〇九年没)は、この事態を次のように記している。

ムタワッキルの暗殺後は、トルコ人〔マムルーク〕たちが王国(マムラカ)を支配し、カリフ権力を弱体化させることになった。カリフは彼らの手中にあって、あたかも捕虜のごとき存在であり、カリフをとどめおくのも、廃位するのも、殺すのもマムルークたちの意のままであった（『統治術の栄誉』p.243）。

このようなマムルークの専横によって、カリフ権が徐々に弱体化していくなかで、この傾向にさらに追い打ちをかけたのが、ザンジュの大反乱（八六九―八八三年）であった。ザンジュとは、南イラクの私領地（ダイア）で土地の改良事業に用いられていた黒人奴隷のことである。八六九年九月、これらのザンジュはイラン生まれのアラブ人アリー・ブン・ムハンマドに率いられて一四年と四カ月におよぶ大規模な反乱を起こした。「ザンジュの長」アリーは、バスラやワースィトを占領すると、バスラの近くに首都ムフターラを建設し、貨幣の発行や官庁の設置、あるいは徴税官（アーミル）の派遣など、「ザンジュ国家」（ダウラト・アッザンジーヤ）としての体裁を整えた。反乱はカリフの弟ムワッファクによりようやく鎮圧されたが、首都に隣接する南イラクが長期間反徒によって占拠されたことは、カリフの威信を著しくそこなう結果をもたらした（佐藤、一九九一年a、一五―二三頁；Sāmir, 1971；Popovic, 1976）。

この反乱鎮圧から約一〇年後の八九二年、アッバース朝の首都はサーマッラーからふたたびバグダードに戻された。しかし、その後も過激シーアのイスマーイール派による反政府活動が活発に行われ、バグダードをはじめとして世情はきわめて不穏であった。とくにイスマーイール派に属するカルマト派は、九―一〇世紀へかけて、本拠地のイラクからバハレインやシリアへとしだいに勢力を拡大した。このような情勢のなかで、九三〇年、バハレインのカルマト派は聖地メッカに侵入して信者を虐殺し、カーバ神殿の黒石を奪ってバハレインに持ち帰った。これはイスラーム世界の全信徒を驚愕させるに足る事件であった。伝説によれば、この黒石は、イブラーヒーム（アブラハム）がカーバ神殿を建設したとき、天使ガブリエルから授かったものだとされ、メッカへの巡礼者はこの黒石に触れ、接吻するのを習慣にしてきたからである。同じイスマーイール派であるファーティマ朝（九〇九―一一七一年）の仲介によって、黒石は二〇年後の九五一年にメッカへ返還されたが、メッカ巡礼の儀礼に欠陥を生じさせたことは、アッバース朝カリフの明らかな失態であった。

このような厳しい状況のなかで登場したのが、カリフに代わって国政を担当する大アミール（アミール・アルウマラー amir al-umarā'「アミールたちのなかのアミール」の意味）であった。歴史家ミスカワイフ（九三二頃―一〇三〇年）は、新しい事態の出現を次のように記している。

（九三六年）カリフ・ラーディー（在位九三四―九四〇年）は、イブン・ラーイクに軍隊の指揮権（リヤーサト・アルジャイシュ）をゆだね、彼を大アミールに任命した。またカリフは、帝国全土のハラージュ地、私領地（ダイア）、徴税請負地の管理権を彼にあたえ、王国（マムラカ）の統一を一任した。そのうえで、全国のモスクの説教壇（ミンバル）で、フトバにイブン・ラーイクの名前も入れるよう命令した（『諸民族の経験』I, p.351）。

イブン・ラーイクは、黒海とカスピ海にはさまれた草原地帯に住むトルコ系ハザル族出身の軍人であり、この当時はバスラとワースィト地方の総督（ワーリー）を兼務していた。カリフが軍隊の指揮権と全国の徴税権を第三者に譲渡したのは、イスラーム史上はじめてのことであった。しかも、それまでカリフだけが保持していたフトバの権利、つまり金曜日正午の集団礼拝に先だってカリフの名のもとに行われる説教の権利を譲渡したことは、バグダードやイラクの人びとからは、カリフ権の衰退ぶりを象徴する出来事と受け止められたにちがいない。

それから一〇年後の九四六年、バグダードに入城したブワイフ家のアフマドは、カリフ・ムスタクフィー（在位九四四―九四六年）へのバイア（忠誠の誓い）を行った後、大アミールの職に任じられ、カリフからムイッズ・アッダウラ（「王朝の強化者」の意味）の称号（ラカブ）を授けられた。なお、このときムイッズ・アッダウラは、前述したフトバの権利ではなく、カリフと並んで貨幣にそのラカブ名を刻み込む権利（スィッカ sikka の権利）を与えられた（ミスカワイフ『諸民族の経験』II, p.85. 橋爪、二〇〇三年、六四頁）。

ブワイフ朝は穏健なザイド派を奉ずるシーア派政権であり、ここに軍事力をもつシーア派の君主がスンナ派のカリフを保護するという奇妙な協力関係が成立することになった。当時のアッバース朝カリフにもはや軍隊の指揮権はなく、イスラーム法施行の権限も大アミールにゆだねられていたが、多数派を占めるスンナ派ムスリムの「信仰の象徴」としては、まだ存在意義を失っていなかったのである。

スルタン制の成立

ブワイフ朝治下のイラクでは、一一世紀に入ると、前述したアイヤールの跳梁によって首都は騒乱状態となり、また地方総督とイクター保有者との抗争（後述）によって、地方社会の秩序も失われた。この間にアラル海の北方から西進をはじめたセルジューク族は、一〇三八年、トゥグリル・ベクに率いられてイランの首邑ニーシャープールに入城した。フサイニー（一二二五年以後没）のセルジューク朝史『歴史の精髄』*Zubdat al-Tawārīkh* によれば、トゥグリル・ベクは貴顕の人びとに迎えられ、自ら「現世と宗教の柱にして偉大なるスルターン al-Sulṭān al-Mu'aẓẓam Rukn al-Dunyā wal-Dīn」と称した（p.41）。

コーランにもスルタンの語はしばしば現れる。たとえば第一四章一一節には、「神の許しがないかぎり、あなたがたには何の権威（スルターン）ももたらされないのだ」とあり、また第三四章二一節には、「しかし彼（悪魔イブリース）は不信心者に対して権威（スルターン）があった訳ではなかった」とある。これらの例が示すように、イスラーム初期の時代には、スルタンは「権威」や「超越的な力」を意味し、アッバース朝のカリフ・マンスールのように、「地上における神のスルターン」と称する者もあった。さらにアフガニスタンを統治したガズナ朝（九七七―一一八六年）の君主も、「支配者」の意味でスルタンを称したというから、セルジューク朝の成立以前にも、イスラーム世界の地方君主がスルタンを名乗ることは、ある程度一般化していたといえよう（清水、一九八六年、一〇頁）。

しかし当時の地方君主がその支配の正当性を獲得するためには、やはりアッバース朝カリフから直々の承認をえることが不可欠であるとみなされていた。ブワイフ朝やセルジューク朝の君主が、こぞってバグダードを目指したのはそのためである。当時のアラビア語史料に、「京にのぼる」と同じ意味で「バグダードにのぼる」と表現されていることが、カリフと地方君主との関係を明瞭に物語っている。

一〇五五年、バグダードに入城したトゥグリル・ベクは、カリフ・カーイム（在位一〇三一―七五年）

と会見した。そのときの様子をフサイニーは次のように伝えている。

カリフはトゥグリルに七枚のローブ（ヒルア）を授与し、ネックレスやブレスレットを賜った。またトゥグリルのために門内にあるもの〔の利用〕についての協約書（アフド）を書き記し、彼に対して「東西のスルターン Sulṭān al-Mashriq wal-Maghrib」と呼びかけた（『歴史の精髄』p.58）。

このようにカリフは、トゥグリル・ベクの「東西のスルターン」としての権威を承認したうえで、バグダードの全モスクで彼のために金曜日の説教（フトバ）が行われるよう命令した。これによってイスラーム史上、はじめてスルタンの称号が公に承認されたことになる。いわゆるスルタン制の成立である。これ以後、アイユーブ朝、マムルーク朝、オスマン朝などスンナ派のイスラーム国家では、歴代の君主はスルタンの称号を帯びることが一般化する。

トゥグリル・ベクのバグダード入城に先立って、バグダードのウラマーは、スンナ派のセルジューク朝がシーア派のブワイフ朝勢力を駆逐し、かつてのカリフ政治を復活してくれるものと密かに期待していた。マーワルディーが『統治の諸規則』を著し、あるべきカリフ政治の理想を論じたのは、その期待感の表明であったといえよう。一〇三七／八年、ブワイフ朝のジャラール・アッダウラ（在位一〇二五―四三年）が、カリフに対してイランに伝統的なシャーハーンシャー（「王のなかの王」の意味）の称号を要求したときにも、マーワルディーはこれに断固として反対する意見（ファトワー）を表明したとされている（Busse, 1969, p.179）。ササン朝にさかのぼるイランの伝統の復活は、スンナ派のカリフ政治とは相容れないものだと考えたのであろう。

しかし現実は、マーワルディーなどスンナ派知識人の期待通りには運ばなかった。フサイニーは、

「（カリフにまみえたスルタン・トゥグリルは）七回床に口づけした。カリフはクッション（ミハッダ）をスルタンに投げ与え、スルタンはそれを押し戴いて、その上に腰をおろした」（『歴史の精髄』p.62）と述べている。これによれば、トゥグリルが、儀礼上、カリフに対して臣従し、スルタンに優越する「カリフの権威」を認めていたことは確かである。しかし軍事力を掌握し、イスラーム法施行の権限を獲得したスルタンは、カリフをその保護下において独自な行動を許さなかった。「第二のムハンマド」といわれる知識人ガザーリー（他の人の著作だとする意見もある）が、『王への忠告』*Nasihat al-Mulūk* でとりあげているのは、セルジューク朝のスルタンだけであって、カリフへの言及がまったくないのは、実権を喪失したカリフの実態を反映しているものといえよう。

こうして、セルジューク朝のバグダード入城を機に、カリフがスルタンの支配に正当性を与え、スルタンはカリフの地位を保護する新しい政治体制が成立した。これを仮に「カリフ・スルタン体制」と呼ぶことにしよう。本質的には、ブワイフ朝時代にあったカリフと大アミールの関係と変わらなかったが、カリフ・スルタン体制には、スンナ派のカリフとシーア派の大アミールという「ねじれ現象」は存在しなかった。しかし一二五八年二月一〇日、モンゴルの西征軍を率いたフラグはバグダードを陥れ、投降してきたアッバース朝最後のカリフ・ムスタースィム（在位一二四二―五八年）を殺害した。これによって、アブー・バクル以来、六〇〇年余にわたって続いてきたカリフ制はいったん消滅するが、三年後にはマムルーク朝治下のカイロでふたたび復活することになる。

象徴としてのカリフ

大アミール制が成立した後、アッバース朝のカリフが象徴的な存在となったことは前述したが、ここで「象徴としてのカリフ」の意味をもう少しくわしく検討してみることにしよう。そのためには、まずカリフ権の源泉にかんする考え方の変化を歴史を追って整理しておかなければならない。

初代カリフのアブー・バクルは、「神の使徒の後継者（ハリーファ・ラスール・アッラーフ）」と称し、預言者ムハンマドの後継者であることに権威の正統性を求めた。後継者としてのカリフが、ムハンマドがもっていた政治的な権限だけを受けつぎ、宗教的な権限はいっさいもたなかったことはすでに述べた通りである。しかしアッバース朝の第二代カリフ・マンスールは、国家としてのダウラの観念を明確にするとともに、自ら「地上における神の力」であると称して、カリフ権は神から直接授かったものであるとする、カリフ権神授の思想を明らかにした。またマンスールは新都バグダードを建設し、巨大な緑のドームをもつ宮殿内に居を定めたが、これには民衆に対してカリフ権の偉大さを印象づけようとするねらいがあったものと思われる。

第一章でみたように、「神のカリフ」の考えを表明したのはマンスールが最初ではなく、すでにウマイヤ朝時代から広く用いられていたことは確かである。しかしカリフ権神授の思想がウラマーによって承認され、シャリーアの体系にくみこまれるのはアッバース朝時代になってからのことであった。アブー・ユースフは、『租税の書』のなかで、「信徒の長よ、神があなたにこのウンマと臣民のことを委ねられたことを疎かにしてはなりません」と述べている。これから明らかなように、アッバース朝時代のウラマーは、その著作にカリフ権神授の思想をとりこみ、政権の正統性をより強固なものにしようと努めたのである。

しかし、このようなカリフ権強化のための努力にもかかわらず、九―一〇世紀にかけて現実のカリフ権がしだいに衰えていったことは先にみた通りである。とくに九四六年、シーア派政権であるブワイフ朝のバグダード入城が大きな転換点であった。シーア派の知識人ビールーニー(九七三―一〇五〇年以後)は、これによる変化を次のように表現している。

カリフ・ムスタクフィー時代のはじめには、すでに国家 dawla と王権 mulk は、アッバース家からブワイフ家に移っていた。アッバース家に残されたのは、宗教的な権限 amr dīnī だけであって、世俗の権限 amr mulkī ではない(『過ぎ去った世代の遺産』p.132)。

ここで「宗教的な権限」というのは、コーランを解釈したり、それにもとづいてシャリーアを制定したりする権限のことではなく、礼拝やメッカ巡礼などの宗教行事を主宰する権限を意味している。ビールーニーの解釈にしたがえば、九四六年をもって、王権をもつダウラとしてのアッバース朝は消滅し、スンナ派信仰の象徴としてのカリフ体制だけが残ったことになる。

バグダードで政権を握ったブワイフ家のムイッズ・アッダウラは、同じ年の九四六年、スンナ派のカリフに代えてシーア派のカリフを擁立しようと考えた。多くの側近が賛意を表明するなかで、ひとりだけが次のように述べて、ムイッズ・アッダウラを諫めたといわれる。

それは妥当な考えではありません。現在、あなたとあなたの側近たちはカリフにふさわしくないと思う人物を戴いておりますが、それでもあなたが彼を殺せと命じれば、側近たちは流血を正当なこととして実行することでしょう。しかしあなたとあなたの側近が正当だと思うシーア派の人物をカリフに据えたときには、そのカリフが側近たちに命じてあなたを殺せといえば、彼らはきっとそれを実行することになるでしょう（イブン・アルアスィール『完史』VIII, p.452）。

要するに、シーア派にとって正統性のあるカリフ（イマーム）の登場は、かえって危険であるという論理であるが、ムイッズ・アッダウラは、結局、この意見を受け入れシーア派のカリフ擁立を断念せざるをえなかった。M・カビールは、この断念をうながす背景として、バグダードの住民の圧倒的多数がいぜんとしてスンナ派ムスリムによって占められ、しかもムイッズ・アッダウラの軍隊のなかには、少なからぬ数のスンナ派のトルコ人が含まれていたことを指摘している（Kabir, 1964, p.187 ; Donohue, 2003, pp.14-15）。たとえ実権を掌握していても、少数シーア派の大アミールが、多数派ムスリムの象徴であるスンナ派のカリフを廃位することは、現実にはやはり難しいことだったのであろう。

サラディンとアッバース朝カリフ

ここでシリア・エジプトの動向に目を向けてみることにしよう。サラディン（正しくはサラーフ・アッディーン、「宗教の正しさ」を意味する尊称。本名はユースフ）は、一一三七／八年、バグダード北方の町タクリート（現在名はティクリート）に生まれた。サラディンが誕生したとき、クルド人の父アイユーブは、セルジューク朝政府からタクリートの総督（ワーリー）に任じられていた。幼少時のサラディンについて、くわしいことは知られていない。誕生後まもなくアイユーブ家の一行は、父の任官にともなってレバノン山中にある高原の町バールベックへと移住し、サラディンはここで八年間の幸福な少年時代を過ごすことになる。

イスラーム社会の男子はヒジュラ暦でかぞえて一五歳の頃に成人式をむかえる。サラディンも一五歳になる頃に父のもとを離れて、アレッポのザンギー朝（一一二七―一二五一年）君主ヌール・アッディーンに仕え、「上等のイクター」を与えられて、一人前の騎士としての道を歩みはじめた。ヌール・アッディーンは、一七年間にわたって「サラディンを脇において引き立て、彼を頼りにし、またよく面倒をみた」といわれる（佐藤、一九九六年、二〇―六八頁）。

しかし一一六三年、エルサレム王国の十字軍がエジプトへの侵攻を開始したことにより、イスラーム世界の政治情勢は、サラディンを巻き込んで大きく展開しはじめる。十字軍の侵攻をうけてファーティマ朝の宰相やカリフは、再三にわたり、アレッポからダマスクスに本拠を移していたヌール・アッディーンに援軍の派遣を求めた。これに応えてヌール・アッディーンは、一一六四年、六七年、六八年と都合三回にわたって、サラディンと叔父のシールクーフをエジプトに派遣した。三度目の遠征で、シールクーフはファーティマ朝の宰相に就任したが二カ月で病死し、代わって三〇を少し出たばかりの青年サラディンが宰相に選ばれた。病弱のカリフ・アーディド（在位一一六〇―七一年）に実権はなかったから、現実には、これがアイユーブ朝（一一六九―一二五〇年）の成立であった。

首都カイロで実権を掌握したサラディンは、一一六九年八月、宮廷で権力を握っていた黒人宦官と彼に与《くみ》する黒人奴隷兵をバイナ・アルカスラインの戦いで一掃すると、シーア派に代えてスンナ派の宗旨を復活する準備にとりかかった。まずカイロにスンナ派の学院（マドラサ）を建設するとともに、エジプト各地にスンナ派の裁判官を送りこみ、シーア派裁判官との入れ替えをおしすすめた。こうして周到な準備を整えたうえで、サラディンは、ヒジュラ暦五六七年ムハッラム月（第一月）の第一金曜日（一一七一年九月四日）、スンナ派の復活を全国に宣言した。これについて、サラディンの伝記作者

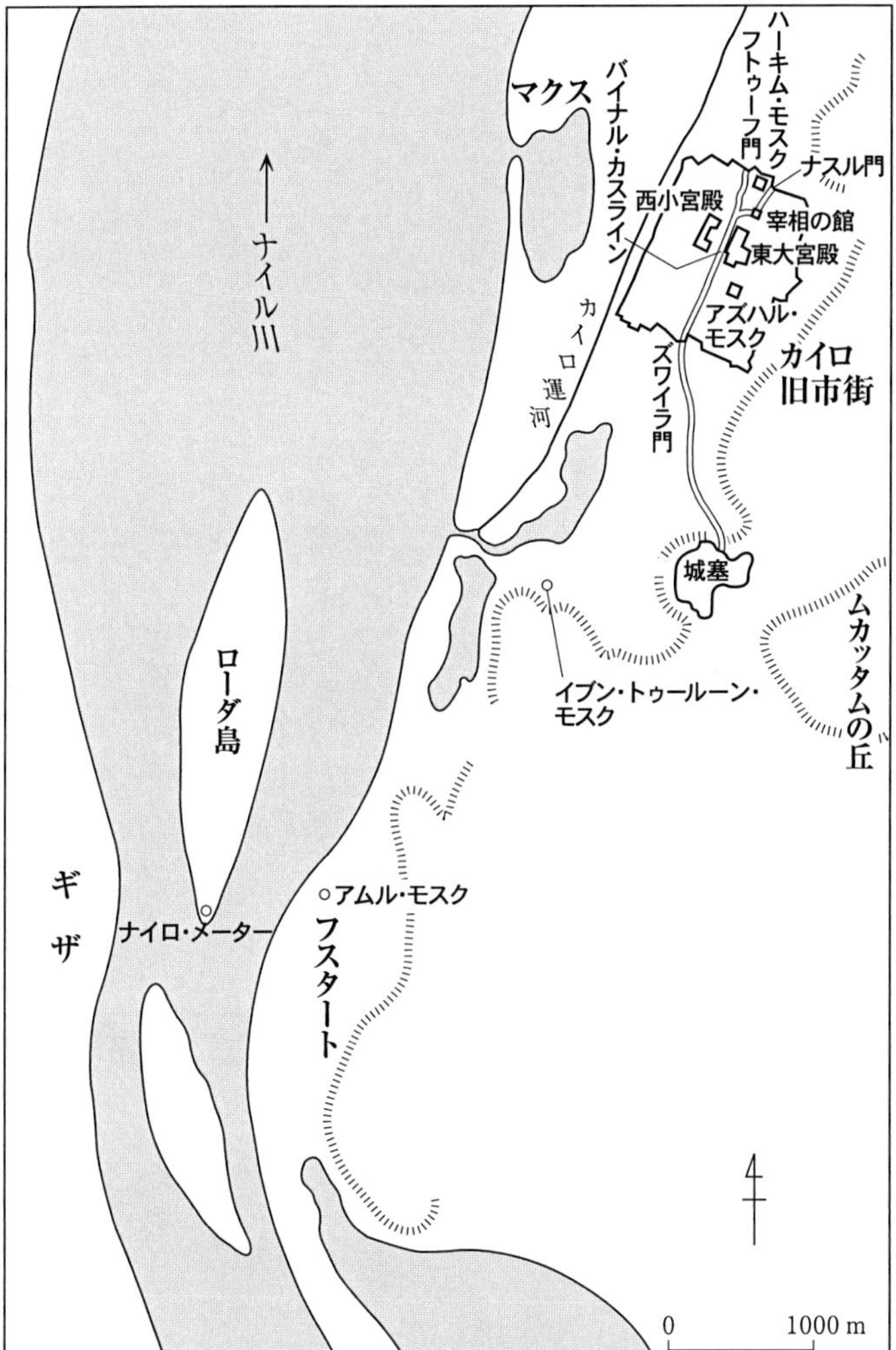

図 10　カイロとフスタート
出典）佐藤，1996 年，240 頁.

アブー・シャーマ(一二六八年没)は以下のように述べる。

サラディンは、ムハッラム月の第一金曜日に、フスタート〔のアムル・モスク〕でアッバース朝カリフのために説教(フトバ)を読むことを命じた。次いで第二金曜日には、カイロで同様の説教が行われ、エジプトのカリフの名はフトバから削除された。カリフ・アーディドは同じ月の一〇日に宮殿で没した。このダウラ〔ファーティマ朝国家〕の滅亡によって、ひとつの時代が終わったのである(『ふたつの庭園』p.492)。

この政策によって、サラディンの政治姿勢がはじめて明らかにされた。自らスルタンを名乗るのではなく、アッバース朝カリフの宗主権を認めることによって、イスラーム世界の統一をはかることがサラディンの基本戦略だったのである。

このときのアッバース朝カリフは、三三代目のムスタディー(在位一一七〇—八〇年)であり、フスタートとカイロのモスクではムスタディーの名でフトバが読まれたことになる。また、この年発行された新しい貨幣には、ムスタディーとヌール・アッディーンのふたりの名前が刻まれていた。エジプトに独立王朝を樹立したとはいえ、ダマスクスのヌール・アッディーンは、形式上はいぜんとしてサラディンの主君だったからである。しかし一一七四年五月、ヌール・アッディーンがとつぜん病没すると、サラディンはこの機をとらえてシリアに軍を進め、同年一〇月には無血のうちにダマスクス入城を果たした。翌年春、さらにシリア北部へと進軍したサラディンに対して、バグダードのカリフ・ムスタディーから、エジプト・シリアの支配権を承認する手紙が届けられた。これに力をえてシリア内陸部のゆるやかな統一を実現したサラディンは、一一七六年の秋、二年ぶりに首都カイロへ帰還することができた(佐藤、一九九六年、一〇六―一二七頁)。

それから約一年後の七七年一〇月、装備を整えたサラディンは、ようやく十字軍に対するジハードへ向けて行動を開始する。しかしエジプトの国政を預かるカーディー・アルファーディル(一一三五―一二〇〇年)は、シリアに進出したサラディンに対して、周囲の状況が整うまでは、十字軍との決戦は極力避けるべきだと進言していた。また、カリフの存在を重くみるサラディンは、バグダードに使節を送り、カリフからジハードの許可を求めていたが、この時点では、まだこの許可状を手にすることはできなかった。

一一八〇年、北イラクの都市モスルで即位したザンギー朝のマスウードは、サラディンに手紙を送り、従来通りの領土の保持を認めてくれるよう要請した。しかしサラディンはこれを拒否し、裁決はバグダードのカリフにゆだねるべきだと回答した。同年末、十字軍配下のサイダーとベイルートを攻撃し、ダマスクスへ戻ったサラディンのもとへバグダードから使節が到着し、モスルに対してもアイユーブ朝の主権を認めるカリフ・ナースィルの書簡を手渡した。バグダードでは、ムスタディーの没後、野心家の息子ナースィルが第三四代目のカリフに就任した(在位一一八〇―一二二五年)ばかりであった。

ナースィルは、セルジューク朝が分裂状態に陥ったのを機に、カリフの実権をとりもどし、バグダードを中心にふたたびカリフ政治を復興しようと目論んでいた。彼は、当時、民衆に人気のあったフトゥーワ(若者らしさ)を精神的支柱とするグループを組織し、アイヤールがはいていた「フトゥーワのズボン」を自らも率先してはくことを習慣にしていた。その成果ははかばかしいものではなかったが、ナースィルがこれによって民衆の支持を獲得し、カリフ権の強化をはかろうとしたことは明らかであろう。

一一八七年、ヒッティーンの戦いで劇的な勝利をおさめたサラディンは、約八八年ぶりに聖地エルサレムを奪回した。しかしサラディンのこのような華々しい活躍ぶりは、カリフ権の復活を目論むナースィルには不愉快なことであったにちがいない。エルサレムの解放後、ナースィルからサラディンのもとへ一通の手紙が届けられた。そこには、「なぜアッバース朝カリフの公式名であるナースィルの名を勝手に使ったのか。エルサレムはカリフの軍旗のもとで解放されたのではなかったのか」という、激しい非難と敵意に満ちた言葉がつづられていた(ハズラジー『クルド人の王朝』fol.20r ; Ehrenkreutz, 1972, p.209)。

サラディンの称号は「ナースィル王」Malik al-Nāṣir であり、たまたまカリフ・ナースィルと同名であることによるいいがかりであった。前述のように、アッバース朝カリフを戴いてイスラーム世界を統一し、諸勢力を結集して十字軍に対処しようとするのがサラディンの戦略であった。それがほぼ達成されたかにみえたとき、このようなカリフの手紙を受け取ったことは、サラディンには大きな衝撃であったにちがいない。一一九三年三月の死を前にして、このころからサラディンの指導力には陰りがみえはじめる。五〇歳を迎えて健康が衰えてきたことのほかに、ここで述べたアッバース朝カリフとの関係悪化もその一因だったのではないだろうか。

この時代に、サラディンのような独立国家の君主がアッバース朝のカリフとこれほど密接な関係を保とうとしたことは、きわめてまれなことであった。これは、イスラーム世界を統一しようとするサラディンの政治的な思惑によるものであったが、野心家のカリフはこの意向を素直に受け入れることはできなかったのである。

2　イクター制の成立と展開

アター制からイクター制へ

さて、話を少し前に戻そう。バグダード入城から二カ月後の九四六年三月、ブワイフ朝のムイッズ・アッダウラは配下の武将や騎士たちに、俸給（アター）にかえてイクター iqṭāʿ を授与する政策にふみきった（Cahen, 1977c, pp.231f; Sato, 1997, pp.18-24）。イクターとは、文字通りには「分与地」のことであるが、その保有者に土地の所有権はなく、あくまでも俸給に見合う「取り分」が授与されたにすぎない。この当時、イラクを中心に各地で徴収された税金は地方総督（ワーリー）の懐に納められ、バグダードに送金されてくるのは、ごくわずかな金額にすぎなかった。歴史家ミスカワイフは、ムイッズ・アッダウラがイクター制施行にふみきったときの様子を次のように伝えている。

この年〔九四六年〕、ダイラム人はムイッズ・アッダウラに対して反乱を起こし、彼をあからさまに非難するとともに、彼に侮辱をくわえた。そのため、彼は、一定期間内に彼らの俸給を支払うことを約束したが、そのために不当な税を徴収して人びとを苦しめることになった。結局、ムイッズ・アッダウラは、軍司令官（カーイド）、側近（ハーッサ）、トルコ軍人に対して、スルタンの私領地（ディヤー・アッスルターン）、潜伏者の私領地（ディヤー・アルムスタティリーン）、イブン・シールザードの私領地、および一般の農地からの国庫収入分（ハック・バイト・アルマール）をイクターとして授与することにした。その結果、サワード〔イラク中南部〕の大半は閉ざされ、徴税官（アーミル）の手を離れることになった（『諸民族の経験』II, p.96 ; Lambton, 1953, p.50）。

イクターとして授与された土地のうち、ディヤー（私領地）とは、前述したダイアの複数形である。最初の「スルタンの私領地」は、ムイッズ・アッダウラの大アミール就任を機に、スルタン、つまり大アミールの管理下に入ったカリフの旧私領地である。また潜伏者とは、政権の交替にともなって地下にもぐった逃亡者であり、イブン・シールザードは、最後はムイッズ・アッダウラの敵方に寝返った有力官僚のひとりであった。彼らが所有していた私領地がブワイフ朝政府によって没収され、改めてイクターとして授与されたのである。

ブワイフ朝の軍隊は、ブワイフ家と同じ出身のダイラム人歩兵と、奴隷身分あるいは奴隷出身のトルコ人騎兵から構成されていた。このうちイクターを授与されたのは、ダイラム人とトルコ人の軍司令官（カーイド）たち、それにトルコ人の騎士たちだけであった。ダイラム人歩兵には、しばらくの間はひきつづき現金の俸給が支払われたが、いずれにせよイクター制は、現金収入の不足に悩む政府がやむなく実行した財政上の新システムであった（Lambton, 1953, p.50）。しかし新しい制度が施行されると、イクター保有者（ムクター muqtaʿ）は、自らが抱える書記（カーティブ）や郎党（グラーム、ハシャブ、ハーシーヤ）を使って取り分を徴収するようになり、それまでアター体制を支えてきた徴税官が働く場は一部を残して失われた。上の文章で「徴税官の手を離れる」とはこのことを意味している（Sato, 1997, pp.28-33）。

このイクター制は、アミールや騎士たちに徴税権を譲渡するシステムであったから、政府による監督と統制がなければ、ムクターによる農民の支配に歯止めが効かなくなる恐れがあった。事実、ブワイフ朝時代のイラクでは、水利施設の管理・維持や種子農料(現物の種子や現金)の貸与をおろそかにすること、つまりイマーラ(勧農策)を無視して農民から不当に収奪し、やがて農村が荒廃すれば新しいイクターを要求するというイクター保有の無秩序ぶりが目立っていた。書記として大アミールに仕えたミスカワイフは、次のように述べる。

イクターを授与した結果、勧農策(イマーラ)は捨てられ、官庁(ディーワーン)は閉ざされ、書記と行政の伝統はないがしろにされた。これをよくする者は去り、経験のない者が台頭した。しかも彼らのひとりがあることを任ぜられると、その人間は決まって粗野な侵入者として振る舞うのが常であった。イクター保有者は自らの奴隷軍人(グラーム)や代理人(ワキール)を用いてその領地を管理したが、彼らは管理下の農村に心を配ることはなく、またそれを利益や繁栄に導こうとはしなかった(『諸民族の経験』II, pp.97-98)。

ここでグラームとならんでイクターの管理人とされているワキールは、すでにアッバース朝時代から私領地(ダイア)経営の責任者として広く用いられていた。当時の史料は、このようなダイア管理の経験をもつ書記が、イクター保有者のワキールとして採用された事例をいくつも伝えている(佐藤、一九八六年、六一―六三頁)。つまりイクターの管理を担当したのは、グラームのような武力をもっぱらとする「経験のない者」ばかりではなかったはずである。しかし実際には、ミスカワイフが批判するように、経験をつんだ書記たちも、多くは主人であるムクターの意向をくんで苛酷な徴税を行い、農民の状態を顧慮することはなかったのである。

その結果、イラク農村の有力農民(ターニー)は、(一)逃亡して流亡者となるか、(二)不正に甘んじて耐えるか、それとも(三)イクター保有者に私有地(ダイア)を寄進してその保護を受けるか、いずれかの道を選ばざるをえない状況に追い込まれた(ミスカワイフ『諸民族の経験』II, p.97)。ターニーは村社会のいわば「顔役」であり、政府の高官が村を訪れれば、これを歓待する責任をもつ有力農民であった。ミスカワイフの記述が示すように、ムクターによる恣意的な支配のもとで、私有地をもつこれらの有力農民の没落が徐々に進行した。

一〇世紀末以降、ブワイフ朝政府は、アミールや軍人による農村支配を統制するために、中央から総督(ワーリー)を送り込んだ。しかしこれらの総督は、監督の見返りにムクターや農民から保護料(ヒマーヤ)を徴収し、ムクターの側ではこれをイクター保有に固有な権利の侵害と受けとめた。こうして両者の利害は衝突し、総督とムクターの紛争が戦闘にまで発展することも珍しいことではなかった。だが、当時の大アミールに両者の利害を調整するだけの政治力はなく、イラク社会は、混沌とした状況のなかで、セルジューク朝の時代を迎えたのである(Sato, 1997, pp.33-41)。

これまで述べてきたように、イクター制の施行は、農村社会に疲弊をもたらす危険な要素をともなっていたが、次のセルジューク朝もブワイフ朝のイクター制をほぼそのままの形で踏襲した。ただ、セルジューク朝の歴代スルタンは、イクターの入れ替えによってムクターの在地化を防ぎ、また政府の監督を強化することによって、ムクターによる恣意的な収奪を未然に防ぐことができた(Lambton, 1953, pp.59-66 ; do., 1965, pp.358-376)。また別の面からいえば、スルタンはイクターの授与を通じてアミールや騎士との絆を固くし、政治的な秩序を築きあげていくことができた。ブワイフ朝からセルジューク朝へかけて、イクター制がイラクからイラン・シリアへとしだいに拡大していったのは、イクター保有によってアミールや騎士たちの生活が安定すると同時に、イクターの授受が国家秩序を形成するうえでも有効だったからであろう。後のアイユーブ朝やマムルーク朝のイクター制についても同じことを指摘することができる。

エジプト・シリアのイクター制

一一六九年三月、エジプトにアイユーブ朝を樹立したサラディンが最初に手がけた政策は、ファーティマ朝のアミールたちが保持していた土地を没収し、これを配下の騎士たちにイクターとして分配することであった(Rabie, 1972, pp.26-30)。ザンギー朝のヌール・アッディーンに仕えたシリアでの経験から、イクターはすでにサラディンにもなじみの深い制度であった。前述のように、一五歳で成人を迎えたとき、サラディンは父のもとを離れてアレッポへおもむき、ヌール・アッディーンからはじめて「上等なイクター」を与えられていたからである。アブー・シャーマは、サラディンがエジプトにイクター制を導入したときの様子を次のように述べる。

サラディンはファーティマ朝の軍人たちが保持していた土地の没収を開始し、配下の軍人たちのためにエジプトの軍人たちを根こそぎにした。しかし宮廷では、〔いぜんとして〕宦官のムータミン・アルヒラーファが実権を握っており、彼とその一味は十字軍(フィランジュ)と共謀してアサディーヤ軍団とサラーヒーヤ軍団を捕らえようとした(『ふたつの庭園』II, p.450)。

アサディーヤ軍団とは、サラディンの叔父シールクーフ(アサド・アッディーン)が編成した軍団のことであり、サラーヒーヤ軍団とは、サラディン(サラーフ・アッディーン)に直属するシリア軍を意味している。このようなサラディンによる土地の没収とこれにつづくシリア軍へのイクターの授与は、ファーティマ朝の要人には、「王朝転覆の危機」として受け止められた。黒人奴隷兵(スーダーン)の一団は、宮廷宦官のムータミン・アルヒラーファと結託してサラディンの殺害を謀ったが、サラディンは機先を制してムータミンを謀殺し、前述のようにカイロ市中の戦いで黒人奴隷兵の勢力を一掃した。

いっぽう、シリアについてみれば、サラディンによるイクター保有の事例が示すように、アイユーブ朝の成立以前からすでにイクター制が施行されていた。ヌール・アッディーンの没後、シリアに軍を進めたサラディンは、諸地方を征服するごとに、旧来の支配者に対して改めてイクターを授与し、この授受を通じて地方統治の体制を固めていった。サラディン以後も、イクター授与の問題は、アイユーブ朝の国家秩序を維持するうえでもっとも重要な問題となっていた。たとえば、一二〇〇年、アイユーブ朝の第四代スルタンに就任したアーディル(在位一二〇〇―一八年)は、まずアミールたちのイクターを安堵し、彼らを閲兵して、それぞれが保持すべき騎士たちについて問いただしたといわれる。この当時のアミールにとって、イクターは生活の維持に不可欠なものとなっていたから、イクターのことを日々の糧であるフブズ khubz(パン)と表現することが慣例となっていた。この用例からも明らかなように、アミールや騎士への適正なイクターの授与は、スルタン権力の安定化にとっても不可欠の条件だったのである(Sato, 1997, p.46)。

イクターを与えられたムクターは、イクター収入を取得する見返りに、スルタンに対して軍事奉仕（ヒドマ khidma）を果たす義務があった。スルタンの命令があれば、ムクターたちは「兵士の市場」で従者に武器や糧食などを整えさせ、これらの騎士を率いて参戦すべきものとされていた。しかも参戦した後、スルタンの許可なく戦場を離れた場合には、不在期間に相当する分のイクター収入を返上しなければならなかった。ムクターには、このような軍事奉仕のほかに、城塞の建設や運河の開削事業を分担し、さらにスルタンが催す宴席（スィマート）に出席することもヒドマの一部とみなされた。

またムクターは、イクター内の水利機構を管理・維持し、勧農政策の実施によって村落を繁栄した状態（イマーラ）に導く責任を負っていた。コプト教徒の官僚の家に生まれたイブン・マンマーティー（一二〇九年没）は、「村の灌漑土手（保水用の土手ジスル）は各地域の利益のためのものであるから、ムクターと農民がその管理と維持の責任を負う」（『官庁の諸規則』p.232）と述べている。エジプトの灌漑土手は、その規模によって「政府管理のもの」と「村管理のもの」とに分かれていたが、イクター制の施行後は、村落レベルの灌漑土手は、ムクターと農民が共同で管理・維持すべきものとされたのである（Rabie, 1972, pp.70-71）。

一二五〇年、エジプト・シリアに主権を確立したマムルーク朝（一二五〇—一五一七年）は、アイユーブ朝時代のイクター制をほぼそのままの形で踏襲した。まずシリアについてみると、マムルーク朝の成立後も、アイユーブ家の諸侯が主要都市の領主（サーヒブ ṣāḥib）として半ば独立の支配権を認められていた。第五代スルタンに就任したバイバルス（在位一二六〇—七七年）は、ダマスクス、ヒムス、アレッポ、カラク、サファドなどを対象に、機会をとらえてアイユーブ家のサーヒブを廃位・追放し、彼らに代えて中央からマムルーク出身のアミールを総督(ナーイブ nā'ib)として送り込む政策を実行した。しかもバイバルス時代には、「それぞれの総督職にふさわしいイクターを授与する」ことが慣行としてすでに確立していたのである。

シリアのナーイブに相当するエジプトの地方総督はワーリー wālī と呼ばれた。アイユーブ朝時代には、ワーリーによる地方統治の体制は未整備であったが、バイバルスはエジプトについても積極的な体制づくりに乗りだした。十字軍とモンゴル軍に対する戦争遂行に熱心であったバイバルスは、地方のワーリーには、とくにイクターから騎士たちを動員する義務を確実に、しかも迅速に果たすよう求めたといわれる。このような騎士の動員以外に、水利機構の管理・維持、治安の確保、政府収入となる租税(人頭税など)の徴収、およびムクターの監督などがワーリーの主要な任務であった。

マムルーク朝時代のイクター保有の特徴は、アミールたちが私的なディーワーン dīwān al-amīr を通じて、それぞれのイクターを管理・経営するようになったことである。H・ラビーによれば、ディーワーン・アルアミールのスタッフは、租税徴収の責任を負うワキール(代理人)、未納金の徴収や犯罪人の処罰を行うムシッド、それに水利機構の管理・維持にあたる「運河のハウリー」などであった(Rabie, 1972, pp.66-67)。マムルーク朝時代の史料からは、これ以外のスタッフとして、ディーワーンを統括する長(サーヒブ)、執事(ウスターダール)、倉庫の管理人(シャーッド・アッシューナ)、書記(カーティブ)、公証人(シャーヒド)などを拾い出すことができる(Sato, 1997, p.89)。アミールの位やイクターの規模に応じて、これらのスタッフの構成もさまざまだったはずであるが、ディーワーン・アルアミール自体の数の増大は、イクターの管理と経営がより機能的になってきたことを示すのであろう。

アミール・キトブガーへの覚え書き

一二八一年三月、スルタン・カラーウーン（在位一二七九―九〇年）は、シリア海岸地帯のマルカブ城（ラタキアの南）に拠るホスピタル騎士団を討つべく、マムルーク軍団を率いてカイロを出発した。このとき、息子のサーリフをエジプトに残し、アミール・サンジャルをその補佐にすえるとともに、アミール・キトブガーを副スルタン nā'ib al-salṭana に指名してエジプトの統治を一任した。出発に先立って、キトブガーにエジプト統治の基本方針を示したのが、「アミール・キトブガーへの覚え書き」である。

イブン・アルフラート（一三三四―一四〇五年）の年代記『諸国家と諸王の歴史』*Ta'rīkh al-Duwal wal-Mulūk* には、この「覚え書き」の全文が収録されている（VII, pp.196-200）。全二八条、かなりの長文であるが、「エジプト統治」に関連して、国政をあずかる当事者たちは、どのような事柄を視野にいれて問題に対処していたのだろうか。この点に焦点を定めて、「覚え書き」を紹介してみることにしたい。

ところでイブン・アルフラートによれば、この「覚え書き」を起草したのは、カーディーの Abū 'Abd Allāh Muḥammad b. al-Mukarram al-Anṣārī であった。イブン・ハジャル（一四四九年没）の伝記集『隠れた真珠』*al-Durar al-Kāmina* のなかに、これとほぼ同一の人物 Abū al-Faḍl Muḥammad b. al-Mukarram al-Anṣārī を見いだせるが、二人のクンヤ（アブー・アブド・アッラーフとアブー・アルファドル）は異なっている。そのため、二人が完全に同一人物かどうか、しばらくは決め手がないままであった。ところが、あるときカイロの宿でマクリーズィーの人名辞典『大いなる先達の書』*Kitāb al-Muqaffā al-Kabīr* を繰っていると、Muḥammad b. al-Mukarram は Abū ʿAbd Allāh と Abū al-Faḍl の「ふたつのクンヤをもつ人物」だという記述に出くわしたのである（VII, p.285）。「ふたつのクンヤをもつ男」の情報を手にするのは、私にははじめてのことであったが、さらに調べてみれば、ふたつのクンヤをもつことができるのは、何人もの男子に恵まれたことを意味し、古来から「幸せな男」とされてきたのであった。しかも、ここでの幸せ者、つまり覚え書きの起草者は、実は有名な『アラビア語辞典』*Lisān al-ʿArab* の著者イブン・マンズール（一二三二—一三一一／二年）のことだったのである。

さて、各条文を要約すれば、以下の通りである。

（一）聖法による裁判は、ハーキムやカーディーが執行する。
（二）公正と正義と臣民の権利は、帝国全土の村や町に適用される。
（三）流血事件に起因する復讐（キサース）や切断刑（カトゥ）については、聖法の裁きにゆだねる。
（四）カイロやフスタートにおいては、放漫な振る舞いをしたり、強者が弱者に力を用いたりしてはならない。
（五）夜間、とくに女性は、市中を出歩いてはならない。
（六）牢獄の監視と警備は厳重に行われなければならない。十字軍騎士などの髭はそられ、のびればまたこれが行われる。
（七）軍人を市内の巡回にあて、横丁の探索や夜間における路地の閉鎖を実行する。

(八)夜、諸門を閉めるときには、内外の点検を厳重に行う。
(九)不逞の輩や遊俠の徒が集まるところには、夜も昼も人が集まることは禁止される。
(一〇)カイロとフスタートの周囲には、警備人(ムジャッラド)が配備される。
(一一)金曜日の夜、〔カイロ郊外にある〕ふたつのカラーファ地区には男女が集まらないよう布告する。
(一二)戦役に就いている騎士の代理人に対し、その取り分については証明書を発行する。
(一三)カイロとフスタートの運河について、その管理を適切に行う。
(一四)カイロ郊外の灌漑土手(ジスル)の保守を慣行にしたがって実行する。
(一五)各地のワーリー(総督)はジスル、橋、水路などの建設・補修に責任を負う。
(一六)ワーリーは町と町の間に警備人を配備し、通行人の監視に当たらせる。
(一七)国境(スグール)の保持に努め、外国の商人たちが、男女の奴隷、絹、銀塊など十分な商品をもって集まるようにすべきである。
(一八)各地のワーリーは、政府の取り分の徴収や砂糖きび栽培を監督する責任を負う。
(一九)政府のハラージュ収入は、常に増大するように注意を払わなければならない。
(二〇)ムクターの取り分の管理はその代理人に任されるが、取得分については証言がとられる。
(二一)ワーリーや監督官は、ムクターによる取り分の徴収状況を把握しておかなければならない。
(二二)ウルバーン(アラブ遊牧民)には、剣や槍などの武器を携行してはならない旨を通告する。

（二三）ワーリーは、ムクターの代理人の状況を調査し、その結果を当局に報告する。
（二四）ワーリーは、各村にある政府の取り分について確認を行う。
（二五）カイロから地方へ出向いた役人に、現地で二ディルハム以上を与えてはならない。
（二六）ワーリーから派遣された役人に与えられるのは、二日で一ディルハムである。
（二七）ムクターの代理人がイクターから取得するものについては、証明書の一通を官庁（ディーワーン）に保管しておかなければならない。
（二八）この「覚え書き」は、一条一条が（各モスクの）説教壇（ミンバル）で読み上げられる。

以上は、アミール・キトブガーへの覚え書きの体裁をとっているが、最後の第二八条によれば、これらの条文は、一般のムスリムに対しても、モスクの説教壇から政府の布告として広く通達されたことになる。このことは、「覚え書き」の内容が地方総督やムクターの代理人の職務に関わるだけではなく、ムスリムの日常生活全般にも指針を与えるものとして作成されたことを示している。事実、第五条、九条、一一条では風紀の乱れに対する取り締まりの強化、また第七条、八条、一〇条では町の治安の維持に特別の注意が向けられている。また第一五条以下の後半の条文からは、運河の開削や灌漑土手の建設・補修などの治水対策、あるいは政府によるムクターとその代理人の監督などの諸業務は、もっぱら地方総督（ワーリー）を責任者として実行する方針であったことが読みとれるであろう（Sato, 1997, pp.105-123）。

スルタン・ナースィルの時代

マムルーク政権によるこのような首都の治安維持とワーリーによる地方統治の実行によって、スルタン・ナースィルの時代(一四世紀前半)にエジプトは最盛期を迎えた。次にこの時代の特徴とその意義について考えてみることにしたい。

ナースィル・ムハンマドは、スルタン・カラーウーンの息子として、カイロの城塞(カルアト・アルジャバル)で生まれた。母親はモンゴル貴族の娘であり、ナースィルが三〇歳の頃まで髪を長くのばしていたのは、母親によるモンゴル風俗の影響であったとされている。兄のハリールが殺害された後、八歳で最初のスルタン位に就いた(在位一二九三—九四年)が、有力アミールの傀儡であり、まもなく廃位されシリア南部のカラク城に幽閉された。一四歳のときカイロへ呼び戻され、ふたたびスルタン(在位一二九九—一三〇九年)となったが、このときも実権はサラールとバイバルス・アルジャーシャンキールのふたりのアミールが握っていた。ナースィルが自分の意志で政治を行うことができるようになったのは、二五歳となり、カラクから戻ってみたびスルタン位に就いてから(在位一三一〇—四一年)のことであった。

ナースィルの三度目のスルタン時代には、シリアの十字軍はすでにキプロス島へと撤退し、またガザン・ハーンの死(一三〇四年)によって、モンゴル軍によるシリア侵略の脅威も消滅していた。エジプト・シリアにマムルーク朝の支配権が確立した時期にスルタンとなったナースィルは、もっぱら内政に力を注ぎ、ここに国内経済は安定してマムルークによる支配体制はゆるぎないものとなったとされる。しかしナースィル時代の評価については、近年、見直しを必要とする見解も提出されるようになった。先鞭をつけたのはD・アヤロンであり、彼は、ナースィル以後の歴史家には、ナースィルの時代を懐かしい「繁栄の時代」として理想化し、逆にそれ以後の時代を忌まわしい「衰退の時代」として極端に低い評価を与える傾向があることを指摘する(Ayalon, 1993)。これを受けて、A・レバノーニーは、ナースィルの第三期の治世にかんする著作を著し、マムルーク朝史を「変化の相」からとらえれば、後述する検地(ラウク)後の農業生産の増大や遠距離交易の繁栄にもかかわらず、ナースィル時代の末期には、過大な支出が災いして、すでに経済的な危機が表面化しようとしていたのだと主張する(Levanoni, 1995, pp.142f.)。

以上のような見解をふまえたうえで、もう一度スルタン・ナースィルの治世を振り返ってみることにしよう。ナースィルが手がけた政策は、ナースィリーヤ・マムルーク軍の編成、シリア・エジプトを対象とするナースィル検地、ナースィル運河の開削をはじめとする大規模な水利・土木事業など多方面にわたるが、ここでは全国的な規模で実施されたナースィル検地をとりあげてみることにしたい。この検地には、マムルーク諸軍団とハルカ騎士軍団の消長やイクターの再分配など、国家体制に直接かかわる問題がいくつもからんでいたからである。

ナースィルが二度目に即位をする前の一二九八年、スルタン・フサーム・ラージーン(在位一二九六—九九年)は、コプト教徒官僚の献策をうけてエジプトの検地(ラウク rawk)に着手した。これがいわゆるフサーム検地である。ふたりのアミールの指揮のもとに、諸官庁の書記や地方の総督を動員して、村ごとに納税台帳の調査や税収高の確認が行われた。これらの調査結果を記した検地文書はカイロの中央官庁に送付され、スルタンはこれにもとづいてイクターの再分配を実施したのである。しかし結果は、スルタンのマムルークに有利であった反面、自由身分のハルカ騎士にはいちじるしく不利な内容であった。スルタンから順にイクター授与文書を受け取ったハルカ騎士は、その収入額の少なさに思わず顔色を変えたと伝えられる。検地の実質的な最高責任者であった副スルタンのマンクータムルが、いちはやく自らの広大なイクターを上エジプトに確保したことも、政府への不信感をつのらせる要因であった。その結果、スルタン・フサームとマンクータムルは、イクター収入を削減された反対派のマムルークたちによって暗殺され、検地は結局失敗に終わったのである。

ナースィルは、フサーム検地の結果をふまえてシリア、エジプトを対象とする検地（ナースィル検地）に着手した。この検地をスルタンに進言したのは、今度も行政を牛耳る老練なコプト教徒官僚であった（Sato, 1998, pp.75-76）。まずダマスクスを中心とするシリア中南部（一三一三―一四年）、次いでエジプト（一三一五―一六年）、さらにトリポリ地方（一三一七年）、アレッポ地方（一三二五年）の順に調査を実施し、そのつど各軍団ごとにイクターの再分配が行われた。アミールの指揮のもとに、地方官庁の書記を動員して調査が実施されたことはフサーム検地の場合と同じであるが、ナースィル検地ではよりきめ細かい調査が実施された。エジプトを例にとれば、登録証書にもとづいて各村の税収高、地積数、耕地の種類などを確認するとともに、ムクターに提出される貢ぎ物（ディヤーファ）についてもくわしい調査が行われた。また検地の調査と並行して、鶏税、通行税、牢獄税、砂糖きび税など各種の雑税（マクス）も廃止された。

しかしこれにもとづくイクターの授与は、またもやマムルーク騎士に有利なものであった。スルタン仔飼いのマムルークのイクター収入が一〇〇〇ディーナールから一五〇〇ディーナールへと大幅に引き上げられたのに対して、ハルカ騎士のイクター収入は一〇〇〇ディーナールから八〇〇ディーナール以下へとおさえこまれた。そのため検地以後、イクターの管理・経営をつづけることが困難になったハルカ騎士は、ある者は自らそれを手放し、またある者はそれを売却することによって、しだいに没落していったのである(Rabie, 1972, pp.53-56 ; Sato, 1997, pp.152-161)。

こうしてナースィルはスルタン直属のマムルークに有利な体制づくりをおし進めたが、政権の基礎を固めるためには、大量のマムルークを購入し、これらを一人前の騎士に育て上げる必要があった。ナースィルによるマムルーク対策の結果を、マクリーズィーは次のように述べる。

こうして〔奴隷〕商人(タージル)によるマムルークの売買は増大し、スルタンの気前の良さはうわさとなって諸国に広まった。モンゴル人(ムグル)は自らの息子や娘、近親者などをすすんで奴隷商人に提供した。モンゴル人が子供たちを売り渡したのは、彼らがエジプトで幸福になるのを願ってのことであった(『諸王朝の知識の旅』II, pp.524-525)。

ナースィルは、訓練をへて一人前となったマムルーク騎士には、イクターのほかに、現金や羊肉、乗用の馬などをふんだんに与えた。また断食を行うラマダーン月には、配下の騎士たちに高価な砂糖(スッカル)を賜るのを慣例としていた。すでにマムルーク朝時代には、日没時になると、断食で消耗した体力をすばやく回復するために、砂糖入りの甘菓子を食べることが習慣になっていたからである。先のレバノーニーが述べるように、ナースィルは、このような体制づくりのほかに壮大な建築事業を次々と手がけ、マムルーク騎士には持ち前の気前の良さを示すことによって、王国が無限に発展するかのような「幻想」をふりまいていたのである(Levanoni, 1995, p.155f.)。

3　マムルークと民衆

ムスリム社会の奴隷

世界史的にみれば、奴隷出身のマムルークが政権を握り、共同体や国家の防衛、あるいはその拡大に努めることはイスラーム世界に固有な現象であった。どうしてこのようなことが可能だったのであろうか。ここではマムルークとイスラーム社会との関係を、現実にそくして、さまざまな角度から探ってみることにしたい。

まず、ムスリム社会の奴隷についてみてみよう。イスラームは奴隷の存在を否定しなかったから、社会のさまざまな面で男女の奴隷の活躍がみられた。コーランには、「信仰する者よ、殺害に対する報復がおまえたちに定められた。自由人には自由人、奴隷には奴隷、女性には女性と」(第二章一七八節)と記され、自由人(フッル hurr)と奴隷(ラキーク raqīq)の区別は明確であった。もっとも奴隷をしめす用語は多様であり、アラビア語では、ラキーク以外に、男奴隷をアブド、マムルーク、あるいはグラームといい、女奴隷をアマ、あるいはジャーリヤと呼ぶ。ただし、前述のように、アラブの歴史史料のなかでは、アブドはアフリカ大陸出身の黒人奴隷をさし、マムルークはトルコ人、スラヴ人、アルメニア人などのいわゆる「白人奴隷」を意味する用法が早くから成立していた。

これらの奴隷の扱いについては、どうだったのであろうか。たとえばコーランには、「両親にはやさしくあれ。また近親者、孤児、貧者、血縁の隣人、血縁のない隣人、近くの仲間、旅人、そして自分の右手が所有する者にも」（第四章三六節）とある。「右手が所有する者」とはむろん奴隷のことであり、イスラームは奴隷に対する親切な扱いをくりかえし説いている。ハディースにも、「女奴隷に教育を施し、奴隷身分から解放し、結婚した者には、天国で二倍の報いがある」（ブハーリー『ハディース』「婚姻の書」）と記されている。事実、このような教えにしたがって、男女の奴隷が高度な教育を受け、彼らがしばしば君主の子弟を養育する係に任ぜられたことは、ムスリム社会の著しい特徴といってよいであろう（佐藤、一九九一年a、二一四頁）。

イスラーム法の規定によれば、人間が奴隷とされるのは、次のふたつの場合に限られていた。

（一）生まれつきの奴隷。イスラーム法の規定によれば、生まれてくる子供の身分は母親の身分にしたがうのが原則であった（*EI*. new ed., 'Abd ; Müler, 1977, p.59）。したがって、たとえ父親が自由人であっても、母親が奴隷であれば、その子供は奴隷身分に属するものとみなされた。ただし父親がその子供を認知すれば、その時点で子供は自由人となることができた。アッバース朝の第二代カリフ・マンスールも、母親がベルベル人の女奴隷であったから、これと同じケースに数えることができる。

（二）戦争捕虜。イスラームの名において行われた戦争の捕虜を奴隷とすることは合法であるとみなされた。しかしジハードは、イスラーム世界以外の「戦争の世界」（ダール・アルハルブ）に対してのみ実行されるべきものであったから、実際にムスリム同志の戦争があっても、捕虜を奴隷とすることは許されなかった。

「奴隷への道」は以上のふたつだけであったから、ムスリム社会では、たとえば借金をかたに人を奴隷とすることはできなかった。古代オリエント時代には、債務を返済できない者、略奪による拘束者、あるいは罪人も奴隷身分に落とされたが、イスラーム時代には、この種の奴隷は明確に否定されたのである(Schacht, 1964, p.127 ; Müler, 1977, p.59)。

ムスリム社会の奴隷には、「物」としての性格と「人間」としての性格が認められる。まず「物」としての性格に着目すれば、奴隷は主人の所有物(ミルク)であった。マクリーズィーによれば、いっぱんに「売買、相続、贈与」の対象になるものがミルクであった(『エジプト誌』I, 97)から、奴隷についても、その所有者は自由意志によって奴隷を売却し、相続の対象や贈り物とすることができた。ただしこの場合にも、子供の奴隷が七歳未満であれば、母親と切り離して売り渡すことはできないとされていた点が重要であろう。

次に「人間」としての性格についていえば、奴隷は主人の許可をえたうえで結婚することができた。四人までの結婚が認められている自由人とは異なり、男奴隷が妻にできる女奴隷の数はふたりまでであったが、自分の主人でなければ自由人の女性と結婚することも可能であった。また、奴隷によるイスラームの信仰は、自由人の場合と変わりがないとされていた。したがって、たとえ奴隷がイスラームに改宗しても、それだけで奴隷身分から解放されることはなかったのである。いいかえれば、奴隷身分のムスリムも多数存在していたことになる。

ただ自由人と奴隷の信仰は同じであるとはいっても、奴隷には金曜日の集団礼拝、メッカ巡礼、あるいはジハードへの参加について厳しい義務が課せられることはなかった。また刑罰の適用についても、窃盗と背教の場合をのぞいて、奴隷の刑罰は自由人の半分であるとされていた。したがって、たとえ殺人の罪を犯しても、意図的でないことが証明されれば、奴隷が死刑を宣告されることはなかったのである。しかしこのような措置は、奴隷に対する寛容さのあらわれではなく、むしろ奴隷は、一人前のムスリムとしての義務をまっとうすべき、責任ある人格とは認められていなかったからであろう。

奴隷の所有者である主人を、サイイドあるいはマーリクという。自由人でさえあれば、男でも女でも、あるいは複数からなるグループでも奴隷の所有者になることができた。ただ、奴隷の解放は最後の審判の日に天国へ入るための重要な善行のひとつに数えられたから、奴隷所有者のなかには、生前から奴隷の解放に努める者もあれば、死の床についてからまとめて奴隷の解放を行う者もあった。しかし奴隷身分から解放されても、解放奴隷ともとの主人とが、自由人としてまったく対等の関係にたつわけではなかった。もとの主人との間には、いぜんとして個人的な保護と被保護（のワラー）関係が残されたからである。のちにスルタンやアミールが奴隷を購入し、解放してマムルーク軍団を編成したときにも、両者の間はいぜんとして強固な人間関係の絆で結ばれていた。前述のように、マムルーク軍団の精強さは、このような、もとの主人と奴隷とのワラー関係にもとづく、篤い忠誠心によるところが大きかったといえよう（Ayalon, 1951, pp.27-29）。

マムルークの購入と教育

マムルークを購入し、これをカリフやスルタンの親衛隊に組織することはアッバース朝以来の伝統であった。ここではマムルーク朝時代に、少年の奴隷がどのようにして購入され、教育されたのかを確かめておくことにしよう。この検討を通じて、なぜ奴隷出身のマムルークがムスリム社会の支配者になることができたのか、という問いへの解答を見いだすことができるはずだからである。マクリーズィーは、スルタン・ナースィルによるマムルークの購入について、次のような文章を書き残している。

ナースィルは男奴隷（マムルーク）と女奴隷（ジャーリヤ）の購入を増大させた。〔奴隷〕商人（タージル）たちを呼び寄せ、資金を与えて、男女の奴隷を連れてくるように命じた。スルタンは商人たちをウズベク、タブリーズ、ルーム〔ビザンツ帝国〕、バグダードなどの諸国に遣わし、彼らがマムルークを連れて戻ってくると、彼らに高価な賜品を与えた。またスルタンは、これらのマムルークにも豪華な衣服や金の刺繍を施した帯、馬、手当などを授与して彼らを驚かせた。これは以前にはなかった習慣である（『諸王朝の知識の旅』II, p.524）。

マムルーク朝時代の歴史書には、奴隷商人（ジャッラーブ jallāb、あるいはナッハース nakhkhās）がスルタンやアミールにもたらした奴隷は、多くが少年（ワラド）であったと記されている。前述のように、ムスリム社会では一五歳頃から成人とみなされたから、ワラドとは五、六歳から一五歳頃までの少年をさすことになる。購入時のマムルークが何歳であったかを記した史料はないが、おそらく一〇歳前後の子供が多かったのであろう。

いずれにせよ、ナースィルの気前の良さに惹かれて、「モンゴル人は自らの息子や娘、近親者をすすんで奴隷商人に提供した」ことはすでに述べた通りである。これは「自発的にマムルークを提供した」事例のひとつであるが、もうひとつ別の例をあげてみよう。奴隷商人のファフル・アッディーン・ウスマーン（一三八一年没）は、「後にスルタンとなるバルクークを購入したが、それからしばらく

図11　マムルーク騎士の訓練風景．ダブリン，チェスター・ビーティー図書館蔵．
出典）*Pages of Perfection*, St. Petersburg, 1995, p.85.

してバルクークの父親と何人かの兄弟をカイロにもたらした」（イブン・タグリービルディー『輝く星』XI, p.220）。これも強制的な奴隷の購入ではなく、カイロでのバルクークの成功が、その近親者を呼び寄せるきっかけになったものと思われる。

しかもバルクークは、出世の機会を与えてくれた奴隷商人のウスマーンを敬愛し、その名前をとって自ら「バルクーク・アルウスマーニー」（「ウスマーンのバルクーク」の意味）と称していたという（マクリーズィー『諸王朝の知識の旅』III, p.463）。マムルーク朝時代については、このファフル・アッディーン以外に、二〇名余りの奴隷商人の名前を確認できるが、彼らのなかには、生涯にわたって自分がリクルートしたマムルークと親しい関係を保ちつづける者が少なくなかった。奴隷商人は、マムルークが学校を卒業し、アミールに昇進した後にも、かつてのパトロンとしての立場から、マムルークに対して少なからぬ影響力を行使することができたのである(Ayalon, 1975, pp.189-232 ; 佐藤、一九九一年a、一二九―一三三頁)。

さて、スルタンが購入したマムルークは、イスラームへの改宗後、カイロにある軍事学校(ティバーク)へ入学し、出身地別のクラスに編成された。マクリーズィーは、マムルークに対する具体的な教育内容を次のように記している。

軍事学校に入学したマムルークは、整備された慣行にしたがって教育を授けられた。商人がマムルークを連れてくると、まずスルタンへのおめみえ(アルド)があり、次いで同一人種のクラスに編入され、担当の宦官(タワーシー)が紹介された。最初に必要とされる学習はコーランであり、グループごとに法学者(ファキーフ)がついて、毎日その授業が行われた。またアラビア文字(ハット)の説明と訓練、イスラーム法の教養(アダブ・アッシャリーア)、礼拝や祈禱の方法などが伝授された。ただし、この課程は、商人によってもたらされたマムルークが年少である場合に限られる。もしマムルークがすでに青年(シャッブ)であれば、法学の基礎にかんする授業が行われた。

そして成人に達すると、弓射(ラムイ・アッサフム)や槍術(ラーブ・アッルムフ)などの軍事訓練がはじまり、グループごとに教官がついて、必要な技芸を完全にマスターするまでつづけられる(『エジプト誌』II, p.213)。

第一の課程で学ぶコーラン、アラビア語、イスラーム法、礼拝や祈禱の方法などは、ムスリムとして生きていくうえで欠かすことのできない教養(アダブ)、あるいは社会的なマナー(ヒシュマ)の核心をなすものであった。学校を卒業し、一人前となったマムルークは、やがて人びとを差配する公職(ワズィーファ)に就くことになるが、アダブを身につけていなければ、この職を立派に果たすことはできないとされていたのである(マクリーズィー『諸王朝の知識の旅』II, pp.524-525)。

第二の課程で修得する弓射、槍術、あるいは馬術などは、アラブ社会に固有な騎士道(フルースィーヤ)を身につけるための基礎訓練であった。ハンバル派の法学者イブン・カイイム・アルジャウズィーヤ(一二九二—一三五〇年)は、アラブの騎士道を「知識と弁別のフルースィーヤ」と「槍と突撃のフルースィーヤ」からなるものとし、ふたつの道を完全に極めた者は、論述と弁明によって他人の心を、剣と槍先によって諸国を征服すると説いている(『騎士道の書』p.27)。つまり、フルースィーヤは単なる勇気や大胆さとは異なるものとみなされていたのである。修業時代のマムルークたちは、とくにポロ(クラ)の競技を通じてフルースィーヤの鍛錬につとめた。そのためマムルーク朝時代の歴代スルタンは、カイロやダマスクスにポロの競技場(マイダーン)をいくつも建設し、組織的なフルースィーヤの訓練を行ったと伝えられる(Ayalon, 1961)。

以上のふたつの課程を修了したマムルークは、スルタンから卒業証書を与えられて奴隷身分から解放され、イクターや馬を授与されたうえで、スルタン直属のマムルーク軍団(ママーリーク・アッスルターン)に編入された。同期のマムルークたちは、仲間(フシュダーシーヤ khushdāshiya)として強い連帯意識をもち、また教育を授け、奴隷身分から解放し、さらにイクターを与えてくれたスルタンに対しては、奴隷身分から解放された後も、以前と変わりない忠誠心を保ちつづけた。奴隷から解放されれば、身分上は自由人であったが、ひきつづき「スルタンのマムルーク」と呼ばれたことは、両者の間にあるパトロン・クライアント関係、前述のワラー関係の存続をよく物語るものといえよう。一人前となったマムルークは、戦場で発揮した勇気や手柄に応じて十人長、四十人長、百人長へと昇進し、運が良ければ、自らスルタン位を手中にすることも可能だったのである。

マムルーク政権の成立

それでは、マムルーク政権はどのようにして成立したのだろうか。ここでは、アイユーブ朝からマムルーク朝への転換の事情を簡単に整理しておくことにしよう。そのためには、やはりバフリー・マムルーク軍団の創設までさかのぼって考えてみなければならない。

アイユーブ朝のスルタン・サーリフ（在位一二四〇―四九年）は、信頼のおけなくなったクルド人やホラズム人の軍隊にかえて、トルコ人マムルークを次々と購入し政権の基盤とすることに努めた。一四世紀はじめの歴史家イブン・アッダワーダーリーは、この間の事情を次のように記している。

サーリフは、以前の君主がひとりとして買わなかったほど多数のトルコ人マムルークを購入した。その結果、彼の軍隊の大半がこれらのマムルークで占められるようになった。これはクルド人やホラズム人などの不忠が増大したためである。スルタンは、マムルークが死ぬと、彼に子供がある場合には父のイクターをその子供に与え、いない場合には、彼と同期の仲間（フシュダーシュ）

に授与した(『真珠の宝庫』VII, pp.370-371)。

このマムルーク軍団は、購入者の名にちなんでサーリヒー・マムルークと呼ばれたが、当時「バフル」(海)と呼ばれていたナイル川のローダ島に兵舎が移されてからは、バフリー・マムルーク(「海のマムルーク」)の名で知られるようになった。前述したバイバルスも、サーリフの強い意向によって、途中からこのバフリー・マムルーク軍団に編入された。

一二四九年六月、フランスの聖王ルイ九世(在位一二二六—七〇年)は、七〇〇隻の大艦隊を率いてナイル河口の港町ダミエッタに到着した。総兵力は約一万五〇〇〇に達したとされている。ルイ王と十字軍騎士は守備隊が逃亡したダミエッタの町にはいり、同年一〇月、後続の軍が到着するのを待って、エジプト軍の主力が防衛線をしくマンスーラをめざした。ナイルはすでに増水の最高潮期を迎えており、途中にはりめぐらされた灌漑用の運河には深い水がたたえられていた。この水に悩まされながらルイ王がようやくマンスーラにたどり着いたとき、病気のスルタン・サーリフのもとでエジプト軍の統一は失われていた。

しかしエジプトの危機は、地の利を生かしたバフリー・マムルーク軍の活躍によって救われる。一二五〇年二月九日、アミール・バイバルス指揮下のマムルーク軍は、マンスーラ市街の戦いで十字軍に壊滅的な打撃を与え、さらにダミエッタへむけて撤退中のルイ王を捕虜とすることに成功した(Setton (ed.), 1969, pp.487-504 ; Thorau, 1987, pp.43-48)。

サーリフが前年一一月に没した後、妻のシャジャル・アッドゥッルは、軍の士気が低下するのを恐れてスルタンの死を隠し、その筆跡をまねて文書の発行をつづけたといわれる。マンスーラでの勝利の後、サーリフの長子トゥーラーンシャーがイラク北部のカイファー城から戻ると、彼女は亡夫との約束にしたがって、この義子をアイユーブ朝の第八代スルタン（在位一二四九—五〇年）に擁立した。しかし新スルタンは継母に対して好意を抱かず、またバフリー・マムルーク軍の勢力削減をはかるために、軍団の有力者を逮捕・投獄するとともに、彼らのイクターを没収して配下の騎士に分け与えた。これに危機感をいだいたマムルーク軍は、バイバルスやカラーウーンを中心にスルタンの暗殺を計画し、一二五〇年五月、ダミエッタに近いファーリスクールでトゥーラーンシャーを殺害すると、ただちにシャジャル・アッドゥッルをスルタンに推戴した。アラブ・イスラーム時代になってから、最初の女性スルタンの誕生であった。

シャジャル・アッドゥッルのスルタン位就任により、エジプトにトルコ人奴隷兵を基盤とする政権が誕生した。当時の歴史書は、政権の担い手に応じて、先のアイユーブ朝を「クルド人の国家」Dawlat al-Akrād、次のマムルーク朝を「トルコ人の国家」Dawlat al-Atrāk と呼び分けている。マムルーク朝はカイロを首都とし、これ以後二五〇年余りにわたってエジプト、シリア、およびメッカ・メディナの二聖都を擁するヒジャーズ地方を支配していくことになる。

シャジャル・アッドゥッルは、かつてはアッバース朝最後のカリフ・ムスタースィムの後宮におかれていた女奴隷（ジャーリヤ）であった。シャジャル・アッドゥッルとは、アラビア語で「真珠の樹」を意味するが、むろんこれは本名ではなく、カリフから与えられた妻妾としての名前である。出自はトルコ人とも、アルメニア人とも伝えられる。彼女がいつカリフの手を離れてサーリフのもとに移ったのか、正確なことは分からない。おそらくサーリフがカイファー城の城主であった時代（一二三二／

三―三九年)に、カリフからの贈り物として与えられ、一子ハリールをもうけたものと思われる(佐藤、一九九一年a、一〇六―一〇九頁)。

シャジャル・アッドゥッルの即位後は、城塞から発行される行政文書、各モスクでのフトバ、新発行の貨幣では、すべてに「ハリールの母」Wālida Khalīl という名前が用いられた。ただ一部の説教師は、モスクでの祈禱のなかで、「ムスリムたちの女王、ハリール王の母」Malikat al-Muslimīn wa-Wālidat al-Malik Khalīl と呼びかけ、他の説教師たちは、「ムスリムたちの女王、ハリールの母、サーリフ王の配偶者」Malikat al-Muslimīn, Umm Khalīl, Ṣāḥibat al-Malik al-Ṣāliḥ と呼びかけた(マクリーズィー『諸王朝の知識の旅』II, p.362)。P・ホールトは、彼女が「サーリフ王の配偶者」と呼ばれたという事実は、シャジャル・アッドゥッルが自らを「アイユーブ朝の正統な後継者」とみなしていたことを示すものだと解釈する(Holt, 1986, pp.83-84)。しかし私は、説教師によって、祈禱の呼びかけ方が異なっている点に注目すべきだと思う。新しい「ムスリムたちの女王、ハリールの母」で十分であるとする見解と、それでは不十分であって「サーリフ王の配偶者」、つまり「アイユーブ家の伝統を引く者」を付け加えるべきだとの見解に分かれたのである。

しかし、それを付け加えても、なおシャジャル・アッドゥッルの王権は正統性を欠くとみなす者もあらわれた。アレッポのアイユーブ朝君主マリク・アンナースィルは、ダマスクスのクルド人アミールたちの求めに応じて、シャジャル・アッドゥッルに反旗をひるがえし、アレッポからダマスクスにいたる地域の支配権を確立した。また、もとの主人であるバグダードのカリフ・ムスタースィムは、「もしそなたたちのところに男子がいないのであれば、われわれがひとり送って進ぜよう」(マクリーズィー『諸王朝の知識の旅』II, p.368）という皮肉な手紙を書き送ってきた。周囲の情勢を察知したシャジャル・アッドゥッルは、バフリー・マムルーク出身の総司令官（アターベク）であるイッズ・アッディーン・アイバクと結婚し、ただちにスルタン位を夫に譲り渡した。彼女がスルタンとしてエジプトに君臨したのは、わずか八〇日間にすぎなかった（Humphreys, 1977, pp.302-303 ; ʻĀshūr, 1965, pp.1-22）。

マムルークは暴虐な支配者か

以上のように、マムルークは異教の世界からやってきたイスラームの支配者であり、マムルーク朝はこれらのマムルーク軍団が自ら樹立した国家であった。彼らはどのような支配者としてアラブ・ムスリム社会に君臨したのだろうか。一部の研究者は、マムルークは、アラブ・ムスリム社会からみればよそ者であり、それゆえに彼らは収奪を事とする暴虐な支配者であったと批判している。たとえばゲニザ文書（フスタートのシナゴーグから発見された商業文書。ヘブライ文字のアラビア語で記され、一〇―一三世紀を対象とする）の研究で知られるS・D・ゴイテインは、「これら奴隷の護衛兵たちは、与えられた地方に無慈悲な収奪をくわえた。さらに彼らは相互に争いをくりかえしたから、内戦は例外どころか、常態となった。彼らはたちまちのうちに堕落し、強欲なベドウィンから定住民を守ることはできなかった」と述べる（Goitein, 1955, p.214）。また、定評のある『中世中東の社会経済史』の著者アシュトールは、「マムルークたちは、封建的なヒエラルヒーの最上部から排除された何百万もの人びとを支配する外国人であった。そのため彼らは支配地域の経済的な発展には興味を示さなかったので、マムルークの支配は際限のない収奪に陥り、かつて繁栄していた国々を荒廃に導いたのである」(Ashtor, 1976, p.280)と概括している。

以上は、いずれもマムルーク朝時代についてのコメントであるが、「マムルークがよそ者であるがゆえに、収奪を事とし、在地経済の発展に興味を示さなかった」とする見方は本当に正しいのだろうか。いくつかの具体的な事例に則して、この問題を考えてみることにしよう。

マムルーク政権が誕生してから三年後の一二五三年、上エジプトのアラブ遊牧民(ウルバーン)は、これに抗議して大規模な反乱に立ち上がった。この反乱について、マクリーズィーは次のように伝えている。

この年、上エジプトと〔下エジプトの〕海岸地帯では、ウルバーンが反乱を起こし、海陸の道路を切断して、商人たちの通行を妨げた。このときヒスン・アッディーン・サアラブは決起して、「われわれこそ国々の支配者(サーヒブ・アルビラード)である」と述べ、〔マムルーク〕軍人たちがハラージュを受け取るのを妨害した。彼とその仲間は宣言して述べる。「われわれはマムルークより支配(ムルク)の正統性がある。これまでわれわれはアイユーブ家に仕えるのはよしとしてきた。しかし彼らマムルークは外から来たよそ者にすぎない」(『諸王朝の知識の旅』II, p.386)。

これとは別に、反乱者は「マムルークはよそ者の奴隷(アビード)である」とも述べたといわれる。要するに、よそからやって来た奴隷のマムルークには、エジプトを支配する正統性がないということであった。政府はただちに軍を派遣して反乱を鎮圧したが、新生のマムルーク朝にとっては、「政権の正統性」を問われる厳しい反乱であった。どうしたらこの正統性を獲得することができるのか。シヤジャル・アッドゥッルやバイバルスなど、初期のマムルーク朝スルタンが当面したのも、まさにこの問題であった。

後述するように、バイバルスはアッバース朝カリフの後裔をカイロに擁立し、自らイスラームの保護者であることを内外に宣言した。また彼は、メッカ・メディナの両聖都の守護者としても積極的に振る舞い、毎年、メッカのカーバ神殿にかける絹織物（キスワ）を寄贈する巡礼のキャラバンを、カイロからはじめて送り出したスルタンとして知られる（スユーティー『講義の魅力』II, p.96）。これらは、イスラーム世界へむけて、いずれもエジプトのスルタンが敬虔なムスリムであり、信仰の熱心な保護者であることを誇示するための行為に他ならなかった。マムルーク朝の国内向けにも、これらはウラマーの支持を獲得しようとする意図的な政策であったと思われる。したがってバイバルスは、イスラーム法や税法上の慣行を無視しては、国家（ダウラ）の統治は不可能であることを十分に理解していたにちがいない。

また、スルタン・カラーウーンが発行した前述の「アミール・キトブガーへの覚え書き」をみても、エジプトの統治はイスラーム法にもとづき、公正と正義の原則に則って行われるべきことが明記されている。これを単なる「お題目」と考えることはできないであろう。エジプト繁栄のみなもとである水利灌漑についても、総督（ワーリー）が灌漑土手（ジスル）、橋、水路などの建設・補修に責任を負うことが強調されている。アイユーブ朝のスルタン・カーミル（在位一二一八―三八年）は、「ナイルの増水期になると、自ら各地へ出向いていってジスル状態を監督し、その保全に努めた」と伝えられる。マムルーク朝のスルタン・ナースィルもジスルの建設と灌漑溝（トゥルア）の開削を重視し、ナースィル検地の実施に先立って、ジスルと灌漑溝にかんする全国的な調査を実施している。つまりナースィルは、「不正を取り除いて水の分配を公正化し、水路を整備する」ことによって、エジプトの農業を安定させ、その生産を飛躍的に増大させることに成功したのであった(佐藤、一九八六年、三四九―三五二頁)。

マムルーク朝中期の歴史家スブキー(一三七〇年没)によれば、前述したアミールによるイクター経営の事務所(ディーワーン・アルアミール)は、イクターを管理する中心機関であったから、そこの農民に対しては公正な扱いをすることが要求された(『恩寵の復唱者』p.29)。事実、父親と共同でベイルート地方をイクターとして保有していたナジュム・アッディーン・ムハンマドは、そこの住民の支持をえることに失敗したために、その保有権をも失うことになった。また、マムルーク朝時代のエジプトで、ディーワーン・アルアミールのスタッフにしばしばコプト教徒の書記が採用されたのは、農村社会の実情を知る者によるイクター経営が必須のこととみなされたからであろう(Sato, 1997, pp.90-91)。

さらに前述したナースィル検地の調査内容をみても、徴税台帳にもとづく調査と専門の測量人による土地測量が着実に行われている。このような検地の実態から、マムルーク政権がエジプト農民からその実状を無視して暴力的に収奪しようとする意図を読みとることは難しい。ムクターによる不当な収奪が露わになるのは、スルタン権力が弱体化して地方統治が乱れ、イクター経営が悪化する一四世紀末以降のことである。マムルークが外来政権であるがゆえにエジプトやシリア社会の収奪に走ったと考えるのは、社会や経済の実状を無視した偏見であると思う。

しかもこのような見方からは、マムルーク朝のスルタンやアミールが、大小のモスク、学院(マドラサ)、病院(ビーマーリスターン)、隊商宿(ハーン)、神秘主義者の道場(ハーンカー)、商取引所(カイサーリーヤ）、市場（スーク）などを競って建造し、ウラマーの文化活動を積極的に保護したことを理解するとは難しい。むしろマムルークは外来の支配者であることを自認していたからこそ、かえって公正なムスリムの君主らしく振る舞うことを心がけ、公益（マスラハ）増進のために、このような公共事業をさかんに興したとみるべきであろう。

マクリーズィーのマムルーク政権論

それでは当時の知識人（ウラマー）は、マムルーク政権をどのようにみていたのだろうか。ウラマーのなかには、いっさいの公職（ワズィーファ）を拒否する者もあれば、裁判官（カーディー）や国庫の代理人（ワキール・バイト・アルマール）などの職をすすんで引き受ける者も少なくなかった。したがってマムルーク政権への対応の仕方も、ウラマーによってかなり異なっていたが、ここでは一四―一五世紀の歴史家マクリーズィーをとりあげ、マムルーク政権をどのように評価していたのかを考えてみることにしたい。

タキー・アッディーン・アフマド・アルマクリーズィーは、一三六四年頃、マムルーク朝治下のカイロに生まれた。後に彼の師のひとりとなるイブン・ハルドゥーンよりおよそ三〇歳ほど年少であった。父の代に一家はシリアのバールベックからカイロに移住し、はじめ父親は文書庁に勤務して公文書の作成にたずさわり、その後裁判業務を補佐する翻訳長官（サーヒブ・アッタルジャマ）の地位に就いた。マクリーズィーの生家は、カイロ旧市街北側のバルジャワーン街区にあり、マクリーズィーは、『エジプト誌』のなかで、このにぎやかな街区で少年時代を過ごしたことを、懐かしく回顧している

(II, pp.95-96)。

コーランの暗誦を終えると、母方の祖父について法学(フィクフ)や伝承学(ハディース)の勉強をはじめ、さらに別の先生につくとともに、メッカへ遊学して勉学をつづけた。マクリーズィーは、はじめは母方の祖父の影響でハナフィー派に属していたが、父を亡くしてからシャーフィイー派に転じ、さらにより厳格な原典主義をとるザーヒル派に傾いていった。一三八二年、イブン・ハルドゥーンがマグリブからエジプトに来住し、アズハル学院で歴史学を講ずると、二〇歳の頃のマクリーズィーもその講義に出席し、大きな感銘を受けたと伝えられる。

勉学を終えたマクリーズィーは、まず政府の代理人として公文書の起草にたずさわり、一三九九年、三五歳の頃にカイロの市場を監督するヒスバ長官(ムフタスィブ)に抜擢された。つづいてマクリーズィーは、アムル・モスクやハサン学院の説教師(ハティーブ)を務め、さらにハーキム・モスクでイマームの職に就いた後、ムアイヤディーヤ学院に移って伝承学を講じた。一四〇七/八年には、同じマムルーク朝治下のダマスクスへ赴き、カラーニスィー家のワクフ(寄進財産)やヌーリー病院の管理をしながら、アシュラフィーヤ学院とイクバーリーヤ学院で講義を担当した。またファラジュの二度目の治世中(一四〇五―一二年)に、スルタンからダマスクスの裁判官に推されたが、これを断ったために関係が悪化し、一時アミール・ヤシュバクの庇護を受けていたとされている。

彼の著作活動はこれらの公職活動の間にすでに開始されていたが、公務を退いて念願の歴史研究に専念することができたのは、一四一七年、五三歳の頃にカイロへ戻ってからのことであった。それ以後、約二五年間は学問と信仰三昧の生活を送り、必要がなければめったに他人を訪れることもなかったという。一四四二年、八〇歳近い高齢で病没し、ナスル門外の墓地に葬られた(*Dirāsāt ʿan al-Maqrīzī*; 佐藤、一九八六年、三八一―四〇八頁; Kennedy, 2001, pp.77f.)。

マクリーズィーの著作は、歴史をはじめとして伝記・地誌・社会・経済問題など多方面にわたるが、彼の名を不朽にしたのは、やはり「歴史(ターリーフ)の叙述にすぐれている」(イブン・タグリービルディー『澄んだ泉』I, p.396)という資質であった。主著は本書でもこれまで何度も引用してきた『エジプト誌』*Kitāb al-Mawāʿiẓ wal-Iʿtibār bi-Dhikr al-Khiṭaṭ wal-Āthār*(文字通りには「地誌と遺跡の叙述による警告と省察の書」)であり、これはエジプトに伝統的な歴史・地誌叙述のいわば集大成の書であるといえよう。また『諸王朝の知識の旅』*Kitāb al-Sulūk li-Maʿrifat Duwal al-Mulūk* は、死の前年まで書きつがれたアイユーブ朝・マムルーク朝時代の年代記であり、『大いなる先達の書』*Kitāb al-Muqaffā al-Kabīr* は、三六〇〇名余りを収録した一大人名辞典である。

これらの著作のうち、ここでは『哀しみを取り除くことによるエジプト社会救済の書』*Kitāb Ighāthat al-Umma bi-Kashf al-Ghumma* を取りあげてみることにしたい。この書が著されたのは一四〇五年、マクリーズィー四〇歳前後の頃であった。この執筆を促したのは、二年前からエジプトを襲ったペスト(ターウーン)の流行と飢饉の蔓延であり、このために「人びとは散り散りとなり、数え切れないほどの子供が売られた」といわれる。これをエジプト社会の危機と受けとめたマクリーズィーは、エジプトにおける災禍(ミフナ)の歴史を振りかえり、現在の危機の原因とその解決策を提示しようとしている。

『エジプト社会救済の書』によれば、一四〇三年以来の飢饉と物価高には、次のような三つの原因が考えられる。第一は政治の腐敗であり、これが災禍の根本原因である。宰相や裁判官、あるいは地方総督などの職は、賄賂(リシュワ)を用いなければ手に入らなくなった。そのために行政機能は衰え、農民に対する苛斂誅求が増大したために、かえって租税収入の低下をもたらす結果となった。

第二は、土地(税)の値上がりである。イクターの管理人は農民に対する地租(ウジュラ)を毎年つり上げていき、この二年間でファッダーン(六三六八平方メートル)当たりの地租は一〇倍になった。これは当然、小麦価格の上昇や耕起・播種・収穫に必要な諸経費の値上がりをもたらした。

そして第三は、銅貨(ファルス)の流通である。マムルーク朝時代のはじめに銅貨の切り下げが行われ、これが民衆の生活を著しく圧迫した。それでも「慣習の息子たち」である庶民は、やがて時とともに何とかこの変化に適応してきたのである。

このように災禍の原因が明らかにされたので、残された問題は、いかにしてこの災いを取り除き、以前の状態に戻すかということである。唯一の解決策は、銅貨を廃止し、正当な貨幣である金貨(ディーナール)と銀貨(ディルハム)の流通に限ることである。エジプト社会には救い(ギヤース)が訪れ、破滅に導くようなことが行われるようになれば、エジプト社会には救い(ギヤース)が訪れ、破滅に導くようなこの災禍を終わりにすることができるであろう。

以上が、マクリーズィーが説くところの要約である。行政の力によって金貨と銀貨の流通を復活させれば、エジプト社会には救済が訪れるとする考えには疑問もあろう。貨幣制度の改革だけでは、マクリーズィーが原因の第一にあげた「マムルーク政治の腐敗」を取り除くことにはならないからである。またA・ユドヴィッチは、マクリーズィーが述べる「政治の腐敗」と「銅貨の流通」は、あくまでも経済衰退の結果であって、その原因としては、まず第一に、ペストの流行による大幅な人口の減少を考慮しなければならないと批判している（Udovitch, 1970, pp.115-128）。しかしエジプト農業にとって、灌漑土手の建設や運河の開削・整備などが決定的に重要であったことを考慮すれば、マクリーズィーの「行政説」を原因と結果とを取り違えたものとして、簡単に否定することはできないと思われる。

さらに「人口説」を唱えるユドヴィッチが無視した、マクリーズィーのいう第二の原因も重要である。そこでは、アミールたちは地租を毎年つり上げることによってのみイクター経営が可能な存在であること、しかもこのような経営方法そのものが、エジプト社会に災禍をもたらす原因になっていることが指摘されている。マクリーズィーは、イクター保有者である「王朝の人びと」（アフル・アッダウラ ahl al-dawla）は、どのような策を講じても、もはや利益を得ることのできない破産者であると結論づけている。

公職を歴任したその経歴からすれば、マクリーズィーがマムルーク体制そのものに対して個人的な嫌悪の感情はもっていなかったことは確かであろう。またマムルークがよそ者であるがゆえに、腐敗した政治がもたらされた、とする理屈でもないことに注意していただきたい。エジプトの政治と社会についての考察は、歴史の事実にもとづいて論理的・体系的に行われている。その結果として、エジプト社会に災禍をもたらす第一の原因は、マムルーク政権の腐敗に他ならないと断定するところに、ナイルの歴史家であるマクリーズィーの特徴がよく現れているように思われる。

第四章
王権儀礼と社会の慣行

1　ダウラとは何か

忠誠の誓い（バイア）

これまで初期イスラーム時代（七―一〇世紀）の国家と王権について、その成立の経緯としくみを分析し、次いで後期イスラーム時代（一〇―一六世紀）において、初期の国家と王権がどのような変容をとげたかを明らかにしてきた。本章では、これまでの叙述をふまえたうえで、王権儀礼と社会の慣行を、「王権の正統性」に焦点を定めて総合的に検討してみることにしたい。

初代カリフに就任したアブー・バクルが、メディナ在住のムスリムひとりひとりから「忠誠の誓い」（バイア）を受けたことは、すでに述べた通りである。これが先例となり、ウマイヤ朝やアッバース朝でも、新しいカリフが即位すると、まず有力者によるバイアが行われ、さらに一〇世紀半ば以降のイスラーム諸国家においても、カリフやスルタンの権威の承認にはこのバイアが用いられた。バイアは元来はカリフとムスリム個々人との間に取り交わされる契約であったが、征服の進展につれてムスリムの数が増大し、居住の範囲も拡大すると、各地のモスクでは「集団のバイア」bayʻat al-ʻāmma が実施されるようになった。たとえば、アッバース朝の初代カリフに就任したアブー・アルアッバースは、ヒジュラ暦一三二年ラビー一月一三日(西暦七四九年一一月一一日)金曜日夜に側近のバイアを受け、翌日、クーファ市内のモスクへ出かけて、人びとと一緒に礼拝を行った後、集団のバイアを受けたと伝えられる(ハリーファ・ブン・ハイヤート『歴史』p.434)。つまり民衆から隔絶した形でのバイアではなく、町のムスリムと行動を共にしながらの即位儀礼であったことが特徴であろう。

それではバイアとは、どのような性格の儀礼だったのだろうか。イブン・ハルドゥーンは、『歴史序説』のなかでこれを次のように説明している。

バイアとは服従 ṭāʻa を条件とする契約 ʻahd である。それはバイアを行った人が、自分自身のことや他のイスラーム教徒を取り締まる権限を、自己の主権者(アミール)に委ね、どんな事柄についてもその主権者と争わず、また喜んでであれ無理強いであれ、彼の命令に従って自己に課せられる責任をまっとうするという条件のもとに、主権者と契約を結ぶことである。人びとが主権者に誓いをたてて契約を結ぶときは、自分の手を主権者の手の上において、その契約を確認する。これは売り手と買い手の行為に似ているので、忠誠の誓いはバイア、すなわち「売る」を意味するバーアの行為名詞形で呼ばれる。結局のところ、バイアは握手 muṣāfaḥa のことであり、これが言語上および宗教法上の慣用で認められている意味である（森本訳『歴史序説』四一五―四一六頁、一部改訂）。

この説明によれば、バイアとは主権者（アミール）、つまり統治権（イムラをもつ者）への服従を条件とする契約であり、それは自らの手を主権者の手に重ねるという形での握手として実行される。ムスリムには主権者への服従が求められることについて、イラクの歴史家イブン・ティクタカー（一三〇九年没）は、以下のように述べる。「王（マリク）には臣民（ライーヤ raʿīya）に対する権利があり、臣民には王に対する権利がある。王の臣民に対する権利のひとつが服従（ターア）〔を求めること〕であり、これは共同体（ジュムフール）に安寧をもたらす根本である」（『統治術の栄誉』p.28）。

いっぽうの「臣民の王に対する権利」については、この一節に具体的な説明はないが、おそらく服従を提供する見返りに、安定した社会秩序とそれにもとづく利益の享受をさしているのであろう。また「服従を求める王権」という場合、これを専制的な王権とみなすのではなく、臣民の服従を受けてはじめて王権が実態をもつという、イブン・ティクタカーの独自な権力論の表明であることに注意が必要である。先の一文に続いて、「人びとが服従しない人物に統治権（イムラ）はない」と明言しているように、イブン・ティクタカーは「臣民の服従を受けた君主にのみ統治権が生じる」と考えたのである。

服従をともなうバイアは、臣民のほかに軍隊によってもなされたが、R・モッタヘデによれば、アッバース朝やブワイフ朝では、軍隊はバイアの見返りに相当の手当（ラスム・アルバイア rasm al-bayʿa）を要求するのが慣例となっていた。彼らは、十分な手当を期待できなければ、バイアを拒否することもしばしばであった。またブワイフ朝では、大アミールがカリフに対してバイアを行い、その返礼にカリフが大アミールに対して誓約する(ハラファ ḥalafa)ことが、さまざまな機会に繰り返されたという(Mottahedeh, 1980, pp.52-55)。

マムルーク朝時代初期には、新スルタンに対するアミールたちのバイアには、誓約(ヒルファ ḥilfa)が伴うようになった。一二六〇年、クトズの殺害後バイバルスが自らスルタンを宣言したときの例をあげてみよう。

アミールたちは会議用のテント(ディフリーズ dihlīz)へと赴き、そこでバイバルス・アルブンドゥクダーリーに対する合意がなされた。まず総司令官のアミール・アクターイがバイバルスにバイアし、誓約を行った。次いでバラバーン・アッラシーディーが、つづいてアミールたちが位階の順にバイアとヒルファを行った(イブン・ドクマーク『高価な宝石』II, p. 65)。

イブン・アブド・アッザーヒル(一二九二年没)のバイバルス伝によれば、即位のときには、最初にスルタン・バイバルスが浪人(バッタール)のアミールたちに待遇の改善を約束し、それに応えてアミールたちがスルタンに誓約(ヒルファ)したことになっている(『輝く庭園』p. 69)。したがって、ここで引用した記事にあるバイアとは、新スルタンへの「忠誠の誓い」を意味し、次のヒルファはスルタンに対する「軍事奉仕(ヒドマ)」の誓約であったと思われる。いずれにせよ、これ以後、バイア(忠誠の誓い)とヒルファ(誓約)は、マムルーク朝スルタンの即位に不可欠な儀礼として定着していくことになる。

フトバと政治

フトバ khuṭba（説教あるいは講話）は、預言者ムハンマドが示した先例にならって行われてきた。つまり、アッバース朝時代初期にいたるまでのカリフは、金曜日正午の集団礼拝のときに、この礼拝に先立ってミンバル（説教壇）にのぼり、様々なテーマでムスリムの会衆者に語りかけるのが慣行であった。また二大祭（「断食明けの祭り」とメッカ巡礼後の「犠牲祭」）のときには、集団礼拝が済んでからフトバを行うのが慣例とされてきた。いっぽう地方の町のモスクでは、専門の説教師（ハティーブ）が

図 12　フトバの絵．説教壇（ミンバル）に登り，剣をついて講話を行っている．大英博物館蔵．
出典）*Arab Painting*, Cleveland, 1962, p.146.

カリフに代わってフトバを行い、その最後は「このフトバをカリフAの名において読む」という形式で結ばれた。さらに一一世紀以降、スルタンが実権をもつ時代になると、スルタンひとりの名において、あるいはスルタンとカリフのふたりの名においてフトバが読まれるようになったのである。フトバで取りあげる話題は、信仰生活にかかわることばかりでなく、十字軍に対する戦いへの呼びかけや福祉の充実、あるいは減税の要求など、講話を行うハティーブによって自由に選択されたことが特徴である。

フトバの政治的な面に注目すれば、バイアによって承認された王権を、一週間ごとに確認する儀礼が金曜日のフトバであったといえよう。自分たちが承認し、服従する王権の所有者が誰であるかを一週間ごとに確認する世界、これはいったいどのような世界なのだろうか。Cl・カーエンは、一〇―一一世紀におけるトルコ民族のイスラーム化に関連して、彼らのイスラーム化によるもっとも大きな変化は、イスラーム的な政治の原理に組み込まれるようになったことだと指摘したが(Cahen, 1968, p.9)、これはまさにトルコ民族が「バイアとフトバの世界」に入り込んだことを意味していたのである。

先にイブン・ハルドゥーンは、バイアを服従(ターア)を条件とする契約であると定義していた。王権へのこの服従がそのまま遵守されていれば、フトバに読み込まれる君主の名前も以前と変わりなく続いていくことになる。しかし地域の住民がこの服従を拒否する場合には、当該君主の名前を「フトバから切る」ことがしばしば行われた。これは地域住民による現政権への公式な「反乱の表明」であった。たとえば一〇七五/六年、ファーティマ朝の宰相バドル・アルジャマーリーがエジプト軍をダマスクスへ送り込もうとしたとき、この町のトルコ人君主アトスズは、これに対抗してファーティマ朝の「カリフ・ムスタンスィルへのフトバを切り、結局、これ以後ダマスクスではファーティマ朝へのフトバが復活することはなかった」と伝えられる(イブン・ムヤッサル『エジプト史』p.43)。

フトバと政治とのかかわりかたを、シリア海岸都市を事例にして、もう少し具体的にみてみることにしよう。一一世紀はじめのシリアでは、カイロのファーティマ朝、ダマスクスのセルジューク朝、それにビザンツ帝国の三大勢力が、海岸都市の支配権をめぐって互いに抗争を繰り返していた。これらの抗争の間隙をぬって、北部海岸のトリポリやジャバラの町では、在地の名士である裁判官(カーディー)が、自治的な政権を樹立し、彼らのなかには騎兵や歩兵、あるいは水兵などの武力を蓄えて町を防衛し、社会的な秩序維持の任に当たる者もあった。一〇七二年から九九年まで、三〇年近くにわたってトリポリを支配したアンマール家のジャラール・アルムルクも、そのようなカーディーの一人であった(佐藤、一九九一年b、三—五頁)。

ジャラール・アルムルクは、自らはシーア派のムスリムであったが、ダマスクスのセルジューク朝スンナ派の勢力と結び、エジプトのファーティマ朝(シーア派)を牽制することによって、トリポリ政権の維持をはかった。いっぽう、北方の海岸都市ジャバラでは、トリポリの傘下にあったイブン・スライハが武力を蓄えて勢力を伸ばし、これに脅威を感じたジャラール・アルムルクは、イブン・スライハの身柄を拘束しようとした。しかし危険を察知したイブン・スライハは、ただちに「ジャラール・アルムルクに反旗をひるがえし、〔ダマスクスのセルジューク朝スルタンに代えて〕アッバース朝カリフのフトバを掲げた」と伝えられる。つまりイブン・スライハは、公的にはアッバース朝カリフの宗主権を認め、現実には自らの軍事力によってジャバラの独立を達成したのである(佐藤、一九九一年b、六―七頁)。

このように、フトバを掲げることによって、弱者が権威者や権力者の庇護下に入り、それを後ろ盾にして自らの地位の保全をはかることは、決して珍しいことではなかった。ここに示した事例をみれば、フトバの行為は単なる宗教儀礼であったのではなく、その時々の政治の動向とも密接に絡んでいたことが知られるであろう。

ダウラの特徴

以上のようなバイアとフトバにかんする考察をもとに、イスラーム国家としてのダウラの特徴を考えてみたらどうなるだろうか。イスラーム世界では、カリフやスルタンの主権がおよぶ範囲、つまりダウラの版図が明確に定められることはなかった。近代の国民国家のように版図を線引きした領域国家ではなく、バイアやフトバを行うムスリムの居住する領域がダウラの版図であったことになる。したがって、原理的にはフトバを誰に対して行うかによって、ダウラの範囲は常に伸びたり、縮んだりしていた。このことを、先のトリポリの事例によって具体的に示してみることにしよう。

一一〇一年、ジャラール・アルムルクが没すると、兄弟のファフル・アルムルクがカーディー職を引き継ぎ、トリポリの統治に当たることになった。しかし一一〇九年、町を包囲する十字軍の圧力がしだいに強まったために、ファフル・アルムルクは自らバグダードへ赴き、セルジューク朝スルタンに援軍の派遣を求めた。ところが、この間にトリポリの留守を預かっていた甥のシャムス・アルムルクが反旗をひるがえし、スンナ派であるセルジューク朝のスルタンからシーア派であるファーティマ朝のカリフにフトバを変更するという異変が発生した。このフトバの変更は、イブン・シャッダード(一二八五年没)が伝えるように、シャムス・アルムルクの個人的な判断ではなく、多数派であるシーア派住民の意向に沿う決定であった可能性が高い(『重要な事ども』II, p.109)。『トリポリ史』の著者、U・A・タドムリーもこの見解を採っている(Tadmuri, 1978, II, p.433)。いずれにせよ、ファーティマ朝はこれに応えて救援の艦隊を派遣したが、この艦隊が到着したときには、トリポリはすでに十字軍の手中に落ちていたのである。

このような流動する政治状況を、セルジューク朝とファーティマ朝の立場から眺めてみれば、トリポリとその周辺地域は、フトバの成り行きによって、セルジューク朝の領域に入ったり、あるいはファーティマ朝の領域に入ったりしていたことになる。フトバとは都市や農村のムスリムによる合意の表明であり、これらの合意者の集合体がイスラーム国家の領域であったといえよう。キリスト教徒やユダヤ教徒などのズィンミーには、このような合意を与える権利はなかったが、ムスリム政権との契約にもとづき、人頭税の支払いを条件にして自らの信仰を保持し、イスラーム国家内において生命と財産の安全(アマーン)を与えられたことは前述した通りである。

以前私は、「イスラーム国家論」のなかで、「いずれにせよ、まず国家領域があるのではなく、その時々の住民の意思によって結果的に領域が決まっていく、このような国家を仮に「領人国家」と名づけてみたらどうだろうか」と提案した(佐藤、一九九九年a、五四頁)。しかし改めて考えてみると、「領人国家」を文字通り解釈すれば、「人を上から支配する国家」ということになる。これまで述べてきたように、ダウラが、自らの意志によって、あるいは場合によっては強制によって、バイアやフトバを行うムスリムの集合体であるとすれば、領人国家の概念とダウラの内実とはうまく適合しないことは明らかであろう。いまのところ、領人国家に代わる適当な用語を思いつかないが、ダウラが領域や国境線にではなく、フトバを行う人間に重点をおく概念であることを改めて強調しておきたいと思う。

「人」中心の思想

いいかえれば、このような特徴をもつダウラが成立する背景には、「人」中心の思想が存在したことになる。ここではムスリムによる学問の方法と歴史の観念、および徴税の方法を取りあげて、この問題を考えてみることにしたい。

イスラーム社会では、コーランの学習と読み書き・計算の修得を終えると、志のある青少年は、法学・神学・伝承学・コーランの解釈学・文法学・歴史学などの「アラブの学問」と、医学・哲学・地理学・数学・化学・天文学などの「アジャム(非アラブ)の学問」を学ぶ高等教育の課程に進んだ。青年たちは、一カ所のモスクやマドラサで勉強するのではなく、師を求めて遠隔の都市を巡り歩き、そこで免許(イジャーザ ijāza)を取得すれば、また新しい師を求めて別の都市へと赴く「学問の旅」を続けたのである。

たとえば九—一〇世紀の歴史家タバリーの場合をみてみよう。カスピ海の南部タバリスターン地方のアームルに生まれたムハンマド・アッタバリー(八三九—九二三年)は、父からコーランの手ほどきを受け、七歳で早くもコーラン暗誦者(ハーフィズ)となり、八歳で礼拝の指導者(イマーム)となる資格を与えられた。一二歳のときに故郷のアームルを後にして学問の旅に出かけ、八七〇年まで、およそ二〇年をかけて訪れた都市は以下のようであった。

アームル↓ライ↓バグダード↓バスラ↓ワースィト↓クーファ↓バグダード↓ベイルート↓フスタート↓バグダード

この間に各地の著名な学者に師事して、ハディース学、歴史学、コーラン解釈学、法学、言語学、文法学、詩学などを修めたとされている。修業を了えたタバリーは、それから約五〇年間、バグダード東岸のシャンマースィーヤ地区に居をかまえて教育と研究に専念し、いずれも大部な『使徒たちと諸王の歴史』と『コーランの注釈書』*Tafsīr al-Qur'ān* を著した。生涯を通じて結婚することなく、またカーディーなど公の職に就くこともなかったという（*EI*, new ed., al-Ṭabarī）。

ここで紹介したタバリーの学問の旅は、ひたすら優れた師を求めて各地の都市をめぐる旅であったといえよう。どのモスクや学院で学んだかが問題ではなく、誰について学んだかが何よりも重視される社会であった。当時の人名辞典を開けば、どのウラマーについても、誰に師事して何を学んだかが克明に記されている。Ｊ・バーキーが述べるように、教育とは師から弟子への「知の伝達」であることが明確に意識されていたのがイスラーム社会だったのである（Berkey, 1992, pp.22-24）。

歴史の観念についても、同じことを指摘することができる。一例として、ハティーブ・アルバグダーディー（一〇七一年没）の主著『バグダード史』*Ta'rīkh Baghdād* を取りあげてみることにしよう。全体は一四巻から成るが、いわゆるバグダード（平安の都）の建設と発展の歴史を叙述した部分は一巻にも満たず、残りの一三巻余りはバグダードに関係した人びとの伝記で占められている。カリフとその一族、官僚、軍人、知識人、職人、商人、文人などを合わせて合計七八三一名、そのうち女性は三〇名である。もちろん、このように伝記によって歴史を構成したのは、ハティーブ・アルバグダーディーだけに限られなかった。イブン・アサーキル（一一〇五—七六年）の大著『ダマスクス史』*Ta'rīkh Madīnat Dimashq* も、その大半はダマスクスにゆかりのある人びとの伝記の集成である。ハティーブ・アルバグダーディーもイブン・アサーキルも、共に預言者の言行を伝えるハディースに強い関心を抱く学者であった。したがって大部な伝記の集成は、あるいはハディースの真偽を判断する場合に利用する資料の整備と考えていたのかもしれない。しかし『バグダード史』や『ダマスクス史』を見る限り、アラビア語の「ターリーフ」と日本語の「歴史」とのズレは歴然としている。おそらくアラブ人ムスリムにとって、ターリーフ（歴史）とは、まず第一に「個々の人びとの事績を集めたもの」との意識が強かったのであろう。

ここでは学問修得の方法と歴史の観念についてだけみてきたが、国庫収入の基礎となるハラージュ（地租）の徴収方法を取りあげてみても、ほぼ同様の結論に達する。第二章で紹介した『ファイユームの歴史』によれば、「現在栄えている村の農民が、荒廃した村の土地を何年も前から耕作するようになった」と記されているように、一三世紀半ばのファイユーム地方では、村の範囲を越えた出作や入作はかなり一般的な現象であった。しかも、たとえば出作した場合の租税は、出作先の村でまとめられるのではなく、出作人の村の納税額（イブラ）に算入されるのが原則であった。ここでも、農地ではなく、そこを耕す農民に重点をおいた措置が講じられている。

このようにみてくれば、イスラーム国家としてのダウラが、「人」を中心にして成り立っていたのは、決して偶然ではなかったことが了解されるであろう。

2　カリフ権の正統性

古代の王権とカリフ権──比較の試み

これまでみてきたように、アブー・バクル以後、歴代のカリフは預言者ムハンマドの後継者であることに王権の正統性を求めてきた。有力者による選挙、あるいは世襲によってカリフ位に就いた人物を妥当と認めたムスリムたちは、カリフに臣従し、忠誠の誓い（バイア）を行うことによってその権威を承認した。また、金曜日正午の集団礼拝に先立って行われるフトバでは、時の権力者の名前をその末尾に入れることがイスラーム世界の政治慣行となっていた。したがって、何らかの理由により、このフトバから権力者の名前を削除することは、その町の住民が反乱の意志を一致して公にすることを意味していたのである。

それでは、このようなカリフ権とそれ以前の古代オリエントの王権とはどのように異なっていたのだろうか。ここではカリフ権と古代オリエントの王権および隣接するビザンツ帝国の王権との比較を試みてみることにしたい。

まずエジプトの古王国（前二六八六―前二一八一年）では、王（ファラオ）が国土の唯一の所有者であり、住民の大部分を占める農民は「王の民」と呼ばれ、彼らは国家に対し貢納の義務を負うとともに、灌漑水路の開削や補修、あるいはピラミッドの建設などの公共土木事業に対する賦役の義務を課せられていた。この時代のファラオは、シュメールのアッカド王が、神ではあっても、最高神とはみなされなかった（前田、二〇〇三年、五八―五九頁）のに対して、「太陽神ラーの子」として最高位の神性をもつ絶対権力者とみなされた。しかし中王国時代（前二一三三―前一七八六年）になると、ファラオは従来通りの神王であると同時に、造物主である神から権限を委託され、それによって臣民を統治する「よき牧人」であるという新しい王権観が登場してきたという（屋形、一九六九年、七〇―七八頁）。この王権観によれば、王は神々と人間の世界をつなぐ唯一の存在であり、その最大の任務は神によって定められた正しい秩序を維持することにあった（畑守、二〇〇二年、五七頁）。

これに対して、イランに興ったアカイメネス朝（前五五〇―前三三〇年）は、ダレイオス一世（在位前五二二―前四八六年）のときに、西はエーゲ海北岸から東はインダス川におよぶ大帝国へと発展した。世界帝国支配者としてのシャーハーンシャー（諸王の王）は、「神とほぼ同等の権威」をもち、その権力は絶対的であった。しかしペルシア人に対しては、王は必ずしも絶対的な君主ではなく、ペルシア人の忠誠関係を危うくするような専制行為はできるだけ避けられた。ただ、王権は世界の創造者であるアフラ・マズダ神の意志にもとづくものとされ、王は神の命令の執行者として位置づけられたのである（佐藤、一九六九年、三二四―三一七頁）。

いっぽう四―一五世紀のビザンツ皇帝は、一貫して「神の代理」として位置づけられていたから、一見すれば、アッバース朝時代のように「神の代理」とされたカリフとは類似の性格を帯びていたようにも思われる。しかしビザンツ皇帝は、司法・行政・立法など国政のあらゆる面で最終の決定権をもつ専制的な絶対君主であった。このような通説に対し井上浩一は、貴族による皇帝批判や皇帝にあるべき統治の原理を示す君主鑑を再検討することによって、専制皇帝理念の見直しを試みる。その結果、井上はこの理念を空疎なものとして退けるのではなく、むしろ失政を契機に、皇帝への批判が、皇帝をも縛る「憲法」を掲げて公然と表明されるという、現実の政治・社会関係を重視しなければならないと説く（井上、一九八九年、五四、七八頁）。

前述のように、カリフは有力者（場合によってはひとりでもよい）の選挙によって選ばれるのを原則とし、その地位はムスリムによるバイアとフトバによって正当化されていた。さらに、各地の都市や農村のムスリムには、公正さに欠けるカリフに対し、服従や忠誠の誓いを取り消し、金曜日のフトバで「カリフの名を切る」手段が留保されていた。むろんこのような行為はカリフ権への挑戦であり、武力による鎮圧の対象とされたが、反乱の手順が政治の慣行として定着していたことの意味は少なくない。

古代エジプトのファラオやペルシアの王に対して、各帝国内の住民には、これらの王権を批判したり、否定したりする権限や手段はいっさい与えられていなかった。またビザンツ帝国の場合には、失政を重ねる皇帝への批判は行われたが、この種の批判が、イスラーム世界の「フトバを切る」というような明確な政治手段として確立していたわけではなかった。しかもビザンツ皇帝は、司法・行政・立法など国政のあらゆる面で最終の決定権をもつ絶対君主であったことは前述の通りである。これに対してカリフは、アッバース朝時代のように、たとえ「神の代理」ではあっても、イスラームの教義解釈やイスラーム法制定の分野に立ち入る権限は与えられていなかったことが特徴である。この点で、さまざまに制約されたカリフ権は、いわば全能のビザンツ皇帝権とは根本的に性格を異にしていたとみなければならない。

以上のことから、イスラーム世界に誕生したカリフ権は、古代オリエントの王権とも、またビザンツの皇帝権とも異なる、新しい政治原理にもとづく王権であったとみなすことができよう。後述するように、イスラーム世界の宮廷にも、古代ペルシアの伝統を継承して王冠や玉座や帳など、王権を飾る各種の儀礼は取り入れられたが、王権の理念や本質はやはり互いに異なっていたのである(佐藤、二〇〇二年、二四六―二四七頁)。

カリフ権の象徴――剣・マント・杖

カリフ権の象徴を考える前に、まずアッバース朝時代を中心にカリフの権限と義務をまとめておくことにしよう。

第一は、前述したフトバの権利である。初期のカリフは首都のモスクにおいて、その説教壇で自らフトバを行い、やがて専門の説教師(ハティーブ)がこれを代行するようになってからも、フトバの最後に名前を入れることは、カリフだけに許された特権であった。この特権が崩れたのは、先に述べたように、大アミール制が成立する九世紀前半以降のことである。

第二は、スィッカの権利である。スィッカとは貨幣の鋳造を意味し、ウマイヤ朝のカリフ、アブド・アルマリク(在位六八五―七〇五年)がアラブ式の貨幣を発行して以来、貨幣の表にコーランの一節、裏にカリフの名前を刻むことが慣例となった。ウマイヤ朝やアッバース朝では、ディーナール金貨とディルハム銀貨を正式の通貨とする二本位制を採用してきたが、ブワイフ朝のバグダード入城(九四六年)以後は、貨幣にカリフと大アミール双方の名前を刻むことが新たに定められた。

第三は、ラカブ laqab（尊称）授与の権限である。ラカブはイスラーム以前からあだ名として広く用いられてきたが、ウマイヤ朝以後になると、本名以外に独自のラカブをもつカリフが登場してきた。ウマイヤ朝初代カリフのムアーウィヤが、「神の真理のための援助者」Nāṣir li-Ḥaqq Allāh のラカブを帯びたのはその一例である。そしてアッバース朝時代には、カリフが臣下にラカブを授与する慣行が生まれ、やがてこのラカブ授与はカリフだけがもつ特権とみなされるようになった。

第四は、ナウバ nauba の権利である。ナウバは太鼓や笛で構成される楽隊であり、アッバース朝時代には、一日五回の礼拝時にカリフの宮殿の前で音楽を奏することが慣例となった。これもカリフだけに許された特権であったが、ブワイフ朝の中期には、国政をあずかる大アミールにも一日三回の楽隊の権利が譲渡されたのである（Kabir, 1964, p.48）。

以上がカリフの権限であったのに対して、カリフは信徒の長として、あたかも「羊飼いが羊を飼育する」ように、民（ライーヤ）の面倒をみることが要求された。具体的には、主要都市の裁判官（カーディー）を任命してイスラーム法の施行をはかり、また公式の礼拝行事を指導すると同時に、メッカ巡礼の安全を守ることが責務とされたのである。

このような権利と義務をもつカリフ権の象徴は、実際にはどのようなものだったのだろうか。まずブワイフ朝の書記・歴史家であったヒラール・アッサービー（一〇五六年没）が、『カリフ宮廷のしきたり』のなかで述べているところをみてみよう。

〔アッバース朝の〕カリフは壇上の椅子の上の純粋なアルメニア絹か毛絹交織の座具に座る。……カリフの着衣は黒いローブで、無地か絹交織か毛絹交織である。……頭には黒いルサーファ風ターバンをかぶり、預言者の剣を帯び、座具の二つのクッションの間の左側にもうひとつの剣を置き、赤い靴をはく。彼の前には、当時は財庫にあった〔カリフ〕ウスマーンのコーランを置く。肩には預言者のマントを掛け、彼の杖を握る（谷口淳一・清水和裕監訳『カリフ宮廷のしきたり』九〇頁、一部改訂）。

黒色のターバンとローブは、白色のウマイヤ家に対する、アッバース家に固有な王権の象徴であった。この記述によれば、公式の場に臨むカリフは、預言者の剣（サイフ sayf）とマント（ブルダ burda）と杖（カディーブ qaḍīb）を帯び、カリフ・ウスマーンが殺害されたときに読んでいたとされる「血染めのコーラン」を目の前においていたことになる。

T・W・アーノルドによれば、ウマイヤ朝カリフのシンボルは杖と印章であったが、アッバース朝時代になると、預言者のマントに重点がおかれるようになった。この時代のカリフは、即位後にムスリムの臣下からバイアを受けるときにはこのマントを帯び、モスクで礼拝の指導をするときにも、これをまとうのが慣例とされていた（Arnold, 1924, p.27）。なお『ムスリムの王権』の著者アズメは、古代オリエントに起源をもつパラソルも、ファーティマ朝のカリフによって王権の象徴に用いられ、この伝統はマムルーク朝やシチリア島のノルマン王家に伝えられたと述べている（Azmeh, 1997, p.13）。

先の預言者のマントは、一二五八年、フラグがバグダードを制圧したときに消失したといわれたが、後になると本物のマントは無事であって、ウスマーンのコーランと同じく、これが今でもトプカプ宮殿に保存されているのだとされている。

カイロのアッバース朝カリフ

アイン・ジャールートの戦い（一二六〇年）でモンゴル軍を撃破した後、クトズを殺害して自らマムルーク朝の第五代スルタンに就任したバイバルス（在位一二六〇―七七年）は、クトズの遺体を伴ってカイロに帰還したが、政権の簒奪者に対してカイロ市民の反応は冷淡であった。どうしたら大方のムスリムの支持を獲得することができるのか。バイバルスは、即位の当初から困難な問題を抱え込むことになった。

しかし問題解決の鍵は、思わぬところからもたらされた。シリアからの知らせによれば、一二六一年五月、ダマスクス郊外のグータの森に、五〇騎ほどのアラブ遊牧民に守られたひとりの人物が到着した。彼はアッバース朝最後のカリフ・ムスタースィムの叔父アフマドであると名乗り、モンゴル軍の殺戮を逃れてバグダードからやって来たのだという。バイバルスはただちにこの人物をカイロに招き寄せ、大カーディー、学者、宗教関係者、アミールたち、商人の有力者などを城塞（カルアト・アルジャバル Qal'at al-Jabal）に召集した。この席でアフマドが血統の正しい人物であるとの証言がなされ、大カーディーや法学者がこれを了承すると、バイバルスは彼をカリフ・ムスタンスィル（在位一二六一年六月―一〇月）として擁立した。これがオスマン朝のエジプト征服（一五一七年）までつづく、カイロのカリフ制のはじまりである（Ayalon, 1950, pp.41-59）。

マクリーズィーの年代記によれば、新カリフに忠誠の誓い（バイア）を行ったバイバルスは、このカリフを伴ってカイロ市中の広場へ赴き、そこでアッバース家の象徴である黒色のターバン（イマーマ）とすみれ色の衣服（ドゥッラーア）、それに金の首飾り（トゥーク）をカリフから授けられた（『諸王朝の知識の旅』I, p.452)。また別の伝承によれば、カリフ・ムスタンスィルは、ある晩、スルタンのテントを訪れ、彼にフトゥーワの衣服を着せかけたという(イブン・アブド・アッザーヒル『輝く庭園』p.111)。フトゥーワとは、任俠集団から神秘主義教団へと受け継がれた「若者らしさ」のことであり、かつてアッバース朝カリフ・ナースィルが、カリフ権強化のためにフトゥーワによる組織化をはかったことは前述した通りである。『輝く庭園』の記事によれば、カリフにはフトゥーワの精神が宿るとされ、この精神を衣服の授受を通じてスルタンに伝える儀礼が行われたのであろうか。

いずれにせよ、エジプトの国内では、バイバルスがこの幸運に恵まれたことは、「神がバイバルスに王権を授けた」ことの証であるとみなされた。また周辺のイスラーム諸国でも、エジプトのスルタンがカリフの保護者になったことは好意的に受け止められ、たとえばチュニスのハフス朝君主は、これを機にカイロのカリフに対するバイアを行ったと伝えられる。P・M・ホールトが述べるように、アッバース朝カリフの擁立によって、「バイバルスは、エジプト・シリアのスルタンであるばかりでなく、カリフの代理として、イスラーム世界全体のスルタンとなることができた」のである(Holt, 1986, p.93)。

カリフを擁立して二カ月半後、バイバルスはムスタンスィルを伴ってダマスクスへ赴き、そこからカリフに三〇〇騎だけの軍団をつけてイラクへ送り出した。バグダードにカリフ制を復活させるという名目であったが、ムスタンスィルの一行はユーフラテス川を渡ったところで、モンゴル軍の襲撃を受け、あっけなく殲滅されてしまった。バイバルスは、当初は一万の騎兵を同行させる予定であったといわれる。しかし側近から「もしカリフがバグダードに政権を樹立すれば、カリフはあなたに反抗し、あなたをエジプトから追い出してしまうでありましょう」（マクリーズィー『諸王朝の知識の旅』I, p.462）と忠告され、予定を変更してカリフを見殺しにしたのである。

P・トローも、バイバルスが少数の護衛だけをつけてカリフを出発させたのは、カリフ位復活に力を貸したという形式を整えるだけの演技に過ぎなかったと結論している（Thorau, 1987, pp.139-140）。ムスタンスィルの死後、数カ月してカイロには次のカリフ・ハーキム（在位一二六二―一三〇二年）が立てられた。しかし新カリフは城塞にあって、カイロ市民との接触を禁じられ、もっぱらスルタンに正統性を与える「政治の道具」として利用されたに過ぎなかった。

3　ムスリムの儀礼とスルタン

即位儀礼と市中巡行

さてバイバルスは、即位してから二カ月余り後の一二六一年一月、「スルタンのしるし」（シアール・アッサルタナ shi'ār al-salṭana）を整え、アミールたちを従えて城塞からカイロ北側の郊外まで騎行し、帰りはナスル門を入って城塞に戻ったと伝えられる。これは、明らかにカイロ市民にスルタンの威光を示すための騎行であったが、このとき帯びていた「スルタンのしるし」とは、具体的にどのようなものだったのだろうか。

カルカシャンディー（一三五五―一四一八年）は、百科事典『黎明』のなかで、スルタンの市中巡行に使われる「王権の飾り」を次のように説明している。

〈ガーシーヤ ghāshiya〉 金の縁取りをした革製の鞍覆いであり、行進のときには、スルタンに先行する騎士がこれを左右に掲げて進む。
〈ミザッラ mizalla〉 金の刺繡を施した絹製の黄色いパラソルであり、そのてっぺんには銀製の鳩が取り付けられている。これはファーティマ朝時代からの伝統である。
〈ラカバ raqaba〉 金の刺繡を施したサテンの黄色い布であり、スルタンの馬の首に掛けられる。マムルーク朝に固有な様式である。
〈ジフタ jifta〉 年齢が近い二頭の馬であり、それぞれに刺繡を施した絹製の黄色い布が掛けられる。これもマムルーク朝に固有なものである。
〈アーラーム a'lām〉 各種の軍旗を意味する。このうちイサーバは、金の縁取りをした絹製の黄色い大旗で、これにはスルタンの尊称(ラカブ)が縫い込まれている。また小さい黄色の軍旗はサンジャクと呼ばれる。

(『黎明』IV, pp.7-8)

これらを総称してシアール・アッサルタナといったが、その多くが黄色い絹で作られていたのは、黄色がマムルーク朝国家の公式の色だったからである。

スルタンの即位儀礼は、アッバース朝カリフを擁立したバイバルス以降、しだいに整えられていったと思われるが、マクリーズィーは同時代のスルタン・バルクークの即位式(一三八二年一一月二六日)とそれに関連する行事について、かなりくわしい記録を残している。次にこの記事を、記述の順序にしたがって整理してみることにしよう。

①カリフ・ムタワッキル（在位一三六二―七七年、一三七七―一三八三年、一三八九―一四〇六年）が、慣行にしたがってバルクークの名によるフトバを行う。
②最高軍司令官（アミール・アルアターベク amīr al-'atābak）による新スルタンへのバイア。
③カリフによるスルタンを讃える言葉、スルタンによるカリフを讃える言葉。
④シャイフ・アルイスラームによるラカブ（マリク・アッザーヒル Malik al-Ẓāhir、「勝利の王」の意味）の授与。
⑤スルタンの市中巡行。このとき雨が降り、人びとはこれに吉兆をみた。
⑥カイロとフスタートでスルタンのための祈り（ドゥアー）が行われる。
⑦新スルタンの即位が全国に通達され、地方総督やアミールによる誓約（ヒルフ）が行われる。
⑧バイアが成ったとき、城塞で祝福の音楽を奏する。
⑨カイロとフスタート、およびエジプト・シリアでの町の飾り付け。
⑩アミールや貴顕の人びとを前にして、カリフはスルタンへの契約（アフド）を読み上げる。
⑪アミールたちへの名誉のローブ（ヒルア khil'a）の授与。

（『諸王朝の知識の旅』III, pp.477-478）

①のカリフによるスルタンへのフトバ、②の軍司令官によるバイア、および④ラカブ（尊称）の授与は、いずれも初期イスラーム時代以来の長い伝統であった。しかし⑤にあるように、バルクークは、事実上のマムルーク朝創業のスルタンであるバイバルスと同じく、即位後にカイロ市中の巡行（ラクブ rakb）を行っている。

P・サンダースによれば、アッバース朝カリフの儀式がもっぱらバグダードの宮廷内で行われたのに対して、ファーティマ朝のカイロは、最初から「儀礼の町」としての性格を備えていた。エジプト征服時（九六九年）には、すでに断食明けの犠牲祭でカリフが市中を巡行する習慣があり、カリフ・アズィーズ（在位九七五—九九六年）の治世になると、断食月の間に市中巡行を行うことが慣例となった（Sanders, 1994, pp.8,48）。これが事実とすれば、マムルーク朝時代の、巡行を伴う即位の行事は、ファーティマ朝時代以来の伝統を引いていたことになる。

しかし先のカルカシャンディーによる「スルタンのしるし」の説明にあったように、パラソル（ミザッラ）の使用はファーティマ朝以来の習慣であったが、スルタン乗用の馬の首を覆う布（ラカバ）や覆いを掛けた二頭の馬（ジフタ）は、マムルーク朝時代になってから新たに加えられた儀礼の用具であった。⑧のように、新スルタンへのバイアが成ったとき、城塞で祝福の音楽を奏するのも、マムルーク朝時代に整えられた新しい行事である可能性が高い。マムルーク朝のスルタンは、異教の世界からきた支配者であるがゆえに、王権の儀礼をさまざまに整え、その権威をムスリムの民衆に示そうとしたのであろう。

ナイルの満水

イスラーム時代のエジプトが、ナイルの増水・減水のリズムに依存してきたことは、古代エジプトの場合と変わらない。一九七〇年にアスワン・ハイダムが完成し、ナイルの増減水を完全にコントロールするまでは、毎年、六月にナイルの増水がはじまり、九月半ばから一〇月はじめ頃に最高水位に達すると、灌漑土手（ジスル）を切って肥沃な泥水を耕地に導く作業が繰り返されてきた。増水の程度は、ローダ島の先端にあるナイロ・メーター（ミクヤース）によって計測され、一六ズィラー（約九・五メートル）に達すれば、適正な増水とみなされた。この増水は「ナイルの満水」（ワファー・アンニール Wafā' al-Nīl）、あるいは「スルタンの水」（マー・アッスルターン Mā' al-Sulṭān）と呼ばれ、翌年の豊作を予告する吉兆とみなされた。

ファーティマ朝時代には、ナイルが満水に達すると、カリフはフスタートにあるカイロ運河の取水口へ出かけて行き、そこの堰を切って運河に水を取り入れる「運河開き」（ファトフ・アルハリージュ

図 13　ナイロ・メーター（ミクヤース）．ローダ島の南端にあり，塔の内部に大理石のナイロ・メーターが設置されている．

fatḥ al-khalij）の行事を主宰することが慣例となっていた。一〇四七年にエジプトを訪れた、イラン人の旅行家ナースィル・ホスロー（一〇〇三―六一年）は、この行事の様子をおよそ次のように伝えている。「巡行の日が来ると、パラソルをかざしたカリフ〔ムスタンスィル〕は、楽隊が演奏するなか、着飾った一万の騎士を従えて運河の取水口に向かい、そこに到着すると、テントでしばらく休憩した後、堰に槍を投げた。これを合図に人夫たちによって堰を開く作業が開始された」（『旅行記』pp.65-68 ; Sanders, 1994, pp.103-104）。にぎやかな行列を伴う行事の主宰は、これによってカリフがナイルの水利を管理し、エジプト統治の要にあることを内外に示す意味があったものと思われる。

運河開きの行事は、アイユーブ朝やマムルーク朝のスルタンにもそのまま踏襲された。ナイルが満水になると、スルタンは飾り付けをした舟に乗ってナイロ・メーターに行き、そこでサフランとじゃこうをカップに入れて混ぜ合わせ、それをナイロ・メーターに塗りつける、「香料づけの儀式」（タフリーク・アルミクヤース takhlīq al-miqyās）を行った。これが済むと、カイロ運河の取水口で運河開きの行事が挙行され、その日は夜を徹してコーランやハディースの読誦、あるいは歌の斉唱が行われた。人びとはナイル川に舟を繰り出し、ワインを飲み、あげくの果てに、性的ならんちき騒ぎになることもまれではなかったという（ʿĀshūr, 1962, pp.197-200 ; Shoshan, 1993, pp.72-73）。

前述したカルカシャンディーは、百科事典のなかで、ナイルの満水について以下のように述べる。ナイルが一六ズィラーア、つまり「スルタンの水」に達すると、カイロ運河が開かれた。その日は記念すべき日であり、指折り数えて待つ祭りのときである。この世にこれと匹敵するものは存在しない。「ナイルの満水」の吉報は、駅伝によって帝国のすべての地域に書き送られる。多くの場合、満水はコプト暦のミスラー月（七月二五日―八月二三日）に起こる（『黎明』III, pp.289-290）。エジプトの農事暦には、バーバ月（九月二八日―一〇月二七日）はじめに、ナイルは最高水位に達すると記されている。カルカシャンディーがナイルの満水をミスラー月と述べているのは、一四―一五世紀頃までには、泥土の堆積によって、カイロ付近のナイルの川床が上昇し、その分だけナイルの満水が早くなっていたからであろう。

マクリーズィーは、「一三八三年七月三〇日、スルタン・バルクークは慣例にしたがってカイロ運河を開いた。しかしバイバルス以後についてみると、ナイロ・メーターへの香料づけと運河開きに自ら出かけたスルタンは、バルクーク以外には存在しない」と述べている（『諸王朝の知識の旅』III, p.491）。たしかに運河開きに自ら出かけるスルタンの記述は、バルクーク以後のブルジー・マムルーク朝（一三八二―一五一七年）時代に集中している。これより前の時代、スルタンが直接出かけない場合には、スルタンの長子が代理（マカーム maqām）として運河開きを主宰したが、それはスルタン位の継承者を公衆に示すことがねらいであったとされている（石黒、二〇〇二年）。

ラマダーン月の砂糖

砂糖きび栽培がエジプトに導入されたのは八世紀半ば頃のことであるが、一一世紀頃までの栽培地は下エジプトに限られていた。砂糖きび栽培が上エジプトにまで拡大し、イスラーム世界のなかでエジプトが砂糖（スッカル sukkar）の主要な生産地となるのは、一二世紀以後のことであった。一例をあげてみよう。ナーブルスィーの『ファイユームの歴史』には、一三世紀前半のこととして、次のような記事が残されている。

この〔ザート・アッサファー〕村では、かつてはゴマ（スィムスィム）が栽培されていたが、土地が痩せてきたので稲（アルッズ）が導入された。しかし新しく砂糖きびが導入され、水がそれに取られるようになると、稲の栽培も廃れてしまった（『ファイユームの歴史』p.102）。

これを他の記述とつき合わせてみると、一二世紀以降、上エジプトには新しい商品作物である砂糖きび栽培が急速に広まり、各地に石臼を備えた圧搾所（マーサラ・カサブ・アッスカル maʿṣarat qaṣab al-sukkar）や精糖所（マトバフ・アッスカル maṭbakh al-sukkar）がつくられるようになったことが分かる。こうして、アイユーブ朝からマムルーク朝時代へかけてのエジプトは、ヨーロッパの他にシリア・イラクなどイスラーム世界の各地へ砂糖を輸出する、有数の砂糖生産国へと変貌をとげたのである（Sato, 1997, pp.211-215）。

一二五二年、北イラクでバグダードに向かうキャラバンがモンゴル軍に襲われ、エジプトの砂糖六〇〇荷、値段にして六〇万ディーナールが奪われる事件が発生した（『諸王朝の知識の旅』I, pp.383-384）。当時、ラクダに積む一荷（ヒムル）は約二二五キログラムであったから、六〇〇荷はおよそ一三五トンの砂糖に相当する。この数字は、エジプトから出荷される砂糖がすでにかなりの量に達していたことを示すものといえよう。

砂糖生産の増大につれて、砂糖は商品としてばかりでなく、祭りの品やカリフあるいはスルタンから臣下への賜り品としても用いられるようになった。先のナースィル・ホスローは、断食を行うラマダーン月になると、ファーティマ朝のカリフは臣下に五万マン（約四万一六五〇キログラム）の砂糖を賜るのが習慣であったことを記している（『旅行記』p.79）。

マムルーク朝のスルタンたちも砂糖授与の習慣を踏襲し、一四世紀はじめには、アミールやマムルーク騎士に対して、ラマダーン月の砂糖が大量に配られるようになった。この習慣について、マクリーズィーは次のように述べている。

ナースィル・ムハンマド・ブン・カラーウーンの時代（一三一〇―四一年）には、毎年、ラマダーン月に配られる砂糖の量は一〇〇〇キンタール（約四万五〇〇〇キログラム）に達し、一三四四／五年には三〇〇〇キンタールへと増大した。これは貨幣に換算すれば六〇万ディルハムとなり、三万エジプト・ディーナールに相当する（『エジプト誌』II, p.231）。

なぜ断食を行うラマダーン月に砂糖が下賜されたのだろうか。現代のエジプトでは、ラマダーン月の間、日没後にはナツメヤシ、ブドウ、イチジク、スモモなどを混ぜ合わせたジュース（フシャーフ）を飲みながら、甘いお菓子（ハラウィーヤート）を食べるのが習慣である。これは胃の働きを活発にし、消耗した体力をすばやく回復させるためだという。これから推測すれば、ラマダーン月に下賜される砂糖は、日没後に食べる甘菓子の材料となるものであり、スルタンは、当時なお貴重な品であった砂糖の授与者としての位置を占めていたのである。

また砂糖は、メッカ巡礼を行うスルタンが、各地からの巡礼者に気前の良さを示すための品としても用いられた。たとえば一三七七年、スルタン・シャーバーン二世（在位一三六三―七七年）は、メッカ巡礼に際して、砂糖菓子入りの袋（各二・二五キログラム）三万個を整えるように命令し、このときには合計で八万一〇〇〇キログラムの砂糖が消費された。しかし、これにはさすがのカイロ市民も眉をひそめ、「このような浪費は、メッカ巡礼には不釣り合いだ」と批判したと伝えられる(『諸王朝の知識の旅』III, p.273)。

メッカ巡礼の保護

ムスリムには、可能であれば、一生に一度はメッカに巡礼(ハッジ hajj)することが義務づけられている。この教えにしたがってメッカ巡礼の夢を果たした者はハーッジと呼ばれ、ハーッジが無事戻ってくると、その玄関の上には、メッカとカーバ神殿の絵が誇らしげに描かれることが少なくない。交通機関が発達する以前の遠方の巡礼者は、喉の乾きに耐え、遊牧民の襲撃に脅えながら長い旅を続けなければならなかった。ここでは、たびたび登場する歴史家マクリーズィー自身のメッカ巡礼を取りあげ、巡礼の様子を具体的に見てみることにしよう。以下は、マクリーズィーが残した記録の要約である。

八三四年ジュマーダー一月七日(西暦一四三一年一月)、およそ六八歳のマクリーズィーとその家族は、ジェッダ総督に率いられた巡礼団に加わってカイロを出発した。一行はラクダ約一五〇〇頭のキャラバンで、カイロ北東にある巡礼の集結地ビルカト・アルハーッジを出ると、途中で水不足のために早くも一〇〇〇人程の男女が倒れているのを発見した。出発してから四〇日余り、一〇〇ディーナールで和約(スルフ)がなされていたにもかかわらず、アラブ遊牧民の襲撃があり、約一〇〇騎の護衛隊と遊牧民との戦闘によって、巡礼者側に二人、アラブ遊牧民側に一〇人の死者が出た。改めて一〇倍ほどの金額で和約が結ばれたが、マクリーズィーはまた遊牧民の襲撃があるのではないか、と恐れながら夜を明かしたという。こうしてカイロを出発してから、四六日後のジュマーダー二月二八日にメッカへ到着した。巡礼の行事を済ませ、帰路は「巡礼のアミール」カラースンクルと一緒にカイロへ戻ったが、カラースンクルについては、喉の乾きに苦しむ巡礼者に対してむごい扱いをしたと非難している(『諸王朝の知識の旅』IV, pp.854-860)。

この記述によれば、巡礼団はラクダ一五〇〇頭の大キャラバンであったこと、飲料水の確保がきわめて重要な問題であったこと、また和約の締結にもかかわらずアラブ遊牧民の襲撃があったこと、そして巡礼のアミールは、飲み水を公平に分配しなかったために、不満を覚えた巡礼者もあったことになる。

カリフやスルタンには、このようなメッカ巡礼の行事を安全に挙行できるような環境を整える義務があった。スルタンによる「巡礼のアミール」(アミール・アルハッジ amir al-hajj)の任命もそのひとつである。巡礼者は、旅の安全を守るために、大規模なキャラバンを編成したが、それを護衛する軍団を指揮したのが巡礼のアミールであった。中央アジアやイラン・イラクからの巡礼者は、イラク中部のクーファに集結し、ここからアラビア半島を渡ってメッカを目指した。またアナトリア半島やシリアからの巡礼者はダマスクスに集結し、そこから一路南下してメッカに向かった。いっぽう、マグリブ・アンダルスやアフリカ大陸内部からの巡礼者はいったんカイロに集結し、シナイ半島を渡ってヒジャーズ地方を南下するルートをとった。

以上の三ルートについて、いつから巡礼のアミールが任命されたのか、正確なことは分かっていない。もっとも早い事例はカイロ・ルートの九七八年であり、シリア・ルートは一一八八年、クーフア・ルートは一一五七年が最初である。通常、アミールの役職は複数年にわたって継続されたが、巡礼のアミールの場合には、一年ごとに任命されたことが特徴である。

マムルーク朝時代、エジプトからの巡礼団についていえば、毎年、ラジャブ月(第七月)になると、ラクダに積んだ巡礼の輿(マフミル maḥmil)がカイロ市内を巡回し、これに続いて巡礼のアミールと巡礼団の裁判官(カーディー・アッラクブ)の人事が発表された。巡礼団は、マフミルの他にカーバ神殿にかける絹製の布(キスワ kiswa)を運んだが、キスワの奉納もエジプトのスルタンが保持する特権で

図 14 カーバ神殿に詣でるマジュヌーン.『ライラーとマジュヌーン』の挿し絵(15 世紀)より. キスワの上端には,「物質と権威の所有者〔神〕に讃えあれ. 死滅することのない生ける王権〔神〕に讃えあれ」と記されている.
出典) *The World of Islam*, London, 1976, p.45.

あった。キスワには、信仰告白（シャハーダ）の文句が刺繡され、毎年、新しいものと交換する習慣となっていた。古いキスワは小さく切り刻んで、その年の巡礼者に売り渡されたとされている（Grunebaum, 1951, p.24）。

しかしキスワの奉納権について、エジプトのスルタンにも、やがて対抗者があらわれた。ティムールの息子シャー・ルフ（在位一四〇九―四七年）は、再三にわたってカイロに使節を送り、サマルカンドからのキスワの奉納も公に認めるよう求めてきたのである。しかし一四三四年、スルタン・バルスバイ（在位一四二二―三八年）は、法学者の意見を聞いたうえで、次のような返書をシャー・ルフに書き送った。

長い慣行によって、エジプトの王以外にはキスワを贈ることができないことになっております。しかもこの慣行は、どの国においてもすでに法として認められているのです（『諸王朝の知識の旅』IV, p.932）。

シャー・ルフもこれで諦めたわけではなかったが、結局、最後までこの慣行を崩すことはできなかった。そしてキスワ奉納の権利は、マムルーク朝の滅亡後は、オスマン朝のスルタンへと受け継がれていくことになる。いずれにせよ、誰がキスワを奉納するかは、政権の正統性にかかわる問題であり、ひとたびこじれれば、イスラーム世界の国際問題にまで発展する危険な火種でもあったといえよう。ちなみに現在は、メッカ・メディナを守護するサウディ・アラビア国王にキスワ奉納の権利が与えられている。

4　ムスリム社会の商人・知識人・聖者

ムスリム社会の商人観

それでは、以上のようなイスラームの国家と社会のなかで、商人はどのような位置を占めてきたのだろうか。おおまかにいって、ムスリム社会の商人は、複数の商品を扱う大商人（タージル tājir）と単品を扱う市場商人（スーカ sūqa）とに分かれるが、ここでは両者を合わせて考えてみることにしよう。

イスラームは商業都市メッカに誕生した。コーランの章句に、商行為についての記述や商業に関係する比喩的表現が多いのはそのためである。たとえば第四章二九節には、「信仰する者よ、合意のうえでの商売でない限り、お互いの間でいたずらに財産を損なってはならない」と記されている。また第九章一一一節には、「確かに神は信者たちからその生命と財産を買い取られた。その代償は天国である」と述べられている。

ゴイテイン（Goitein, 1966, pp.217-241）によれば、ハナフィー派の法学者シャイバーニー（七五〇—八〇五年）は、「生活の糧を得ようとすることは、知識を求めるのと同じように、すべてのムスリムに課せられた義務である」と説き、さらに「正直な商人の職業は、いかなる種類の取引であれ、政府への奉仕より神を喜ばせるものである」と述べたという。また一一世紀のディマシュキーは、『商業指南の書』*Kitāb al-Ishāra ilā Maḥāsin al-Tijāra* のなかで、次のように述べている。

商業（ティジャーラ tijāra）を他の生活手段と比べてみれば、現世においては、人びとにとって、それがもっとも優れ、卓越していることが分かるであろう。富裕な商人には男気(ムルゥーワ)が備わり、多くの資産をもつことは商人の誉れなのである(p.47)。

これらの言葉にみえるのは、商売による富の獲得を積極的に評価し、しかも富の獲得が、イスラーム信仰とも合致するという商業肯定的な倫理である。ぜいたくな生活を否定する神秘主義については後述するが、都市社会の中核を構成する商人は、経済の分野ばかりでなく、イスラーム信仰の面でも、その重要な担い手であったといえよう。

アンダルス生まれのイブン・ジュバイル(一一四五―一二一七年)は、その『旅行記』のなかで、サラディンがカラク城を包囲し、十字軍との間に戦闘が起こったときの状況をこう述べている。「なお隊商は何の妨害も受けずにフランク軍(十字軍)の土地を無事に通過した。同様にキリスト教徒の商人も、誰ひとり止められたり、妨害されたりすることはなかった」(藤本勝次・池田修監訳『旅行記』一八四頁、一部改訂)。この記事によれば、商人には政治や戦争とは無関係に、まったく自由な活動が保証されていたかのような印象を受ける。

しかし現実には、国家と商人はさまざまな点で、互いに補い合う面を共有していた。I・M・ラピダスが述べるように、取引の安全は全体として国家に依存していたし、また商人はアミールやスルタンのハウスホールドのなかに仕事を見いだしたからである。たとえば次のような事例をみてみよう。一三三六年、カイロで小麦の価格が上昇すると、アミールたちは価格がさらに上昇することを見込んで、小麦を退蔵しはじめた。市場監督官(ムフタスィブ)は粉屋やパン屋を処罰することによって事態の緩和をはかり、スルタン・ナースィルもシリアや上エジプトから小麦を移入することを命じた。しかしアミールたちはなお高価格でしか販売しなかったために、スルタンは市場監督官を更迭し、新任の監督官に対しアミールが保持する穀物倉庫の封印を命じたが、事態が好転するのは、穀物を積んだ船がシリアから到着してからのことであった(Lapidus, 1967, pp.54,189)。

この事例によれば、首都カイロへの穀物の供給と物価対策は、スルタンとムフタスィブとのコンビによって実施されていたことになる。アッバース朝時代のムフタスィブについては第二章で検討したが、マムルーク朝時代のムフタスィブも、市場での公正な取引の維持・管理を主たる任務としていたという点では、アッバース朝時代のムフタスィブと異ならない。そのため、ナイルの増水が不調に終わった場合、アミールや商人の穀物退蔵によってこの任務を全うできないときには、民衆の不満は当事者のムフタスィブに向けられ、彼らの抗議行動が暴力沙汰へと転ずることも決して珍しいことではなかったのである(Sabra, 2000, p.136 ; 長谷部、一九八八年、一九九〇年)。

アイユーブ朝初期からマムルーク朝中期にかけて、紅海と地中海を結ぶ香辛料貿易に活躍したカーリミー商人も、スルタンの後ろ盾を得ることによって、巨額の富を築き上げることができた。彼らのなかには、政府の御用商人となり、スルタンに巨額の戦争資金を貸し付ける者もあらわれた。またスルタンやアミールにマムルークを供給する奴隷商人(ジャッラーブあるいはナッハース)は、その仕事のゆえにはじめから政府要人との結びつきが強く、辺境諸国との外交交渉をゆだねられた奴隷商人も少なくなかった。

しかもマムルークのなかには、栄達への道に導いてくれた奴隷商人への恩義を忘れず、自分の名前の一部に商人の名前を用いる者もあった。マムルーク朝のスルタン・バルクークが、出世の機会を与えてくれた奴隷商人のウスマーンを敬愛し、自らバルクーク・アルウスマーニーと称したことは、すでに述べた通りである。これらのことを考えれば、有力な商人たちは、仲間内の商業ネットワークを利用するばかりでなく、スルタンを頂点とするマムルーク体制とも深く関わっていたことが了解されるであろう。

知識人（ウラマー）の役割——世論の形成

ムスリム社会では、法学、神学、伝承学、コーランの解釈学、歴史学などの学問を修めた者をウラマーというが、ウラマーとなるための基準や資格が明確に定められているわけではなかった。カリフやスルタンがその権威によってウラマーを認定したのではなく、周囲の人びとから自然に学識のある人物と認められたときに、はじめてウラマーへの仲間入りを果たすことができたのである。

もちろん、イスラームには俗人と聖職者の区別はなかったから、原理的には、いかに偉いウラマーでも「聖職者」の身分が与えられることはなかった。ただ、一九世紀以降のイランでは、シーア派ウラマーの間に、アーヤトッラー ayatollah（「神の徴」の意味）を頂点とする「聖職者」的な位階がつくられるが、イスラーム世界の全体からみれば、これは例外的な現象である。いずれにせよウラマーには、カリフやスルタンにはない立法の権限や法律あるいは教義の解釈権などが認められてきたのである。ウラマーが社会的に重要な役割を果たすことができたのは、このようなムスリム知識人のユニークな性格に由来しているといえよう。

ウラマーの数が増大し、彼らがめざましい社会・文化活動を開始するのは、アッバース時代になってからのことであった。ウラマーのなかには、アラブ人のほかに、改宗したイラン人や奴隷の出身者も含まれていた。ウラマーの職業は、カリフやスルタンの顧問、国庫の代理人（ワキール wakīl）、裁判官、学院の教授（ムダッリス mudarris）、モスクのイマーム、金曜礼拝時の説教師（ハティーブ）、日常の集会での訓戒師（ワーイズ wāʿiẓ）、病院の管理者、コーラン学校の教師、市場監督官などと実に多彩であった。また学問活動をしながら商売を営むウラマーも少なくなく、前述の『バグダード史』には商人兼ウラマーの事例を数多く見いだすことができる。

『中世ダマスクスの知識と社会習慣』の著者M・チェンバレンは、アイユーブ朝・マムルーク朝時代のウラマーの職業のなかで、特に「手当つきの職」（マンサブ manṣab、あるいはワズィーファ waẓīfa）に注目し、より有利なマンサブを獲得しようとするウラマーの意欲は、より有利なイクターを保持しようとする騎士たちの意欲に匹敵していたと述べる（Chamberlain, 1994, p.25）。もちろんすべてのウラマーがマンサブの獲得に汲々としていたわけではなく、たとえば歴史家マクリーズィーは、第三章で述べたようにスルタン・ファラジュから推挙されたダマスクスの裁判官職を断り、スルタンとの関係を一時的に悪化させる結果をもたらした。一般的にいえば、民衆はスルタンやアミールの悪政（ズルム ẓulm）を忌憚なく批判してくれることをウラマーに期待していたといえよう。しかし現実には、ウラマーの多くは、権力との間に多少の距離をおきながらも、結局はこれに寄り添って生きなければならなかったのである。

それではウラマーの指導的な人物を取りあげてみた場合、彼らはイスラーム国家の権力者について、どのように考えてきたのだろうか。ここでは、E・I・J・ローゼンタールが『中世イスラムの政治思想』で述べるところをまとめてみることにしよう（ローゼンタール、一九七一年、三〇—八〇頁）。マーワルディーが『統治の諸規則』を著したのは、シーア派であるブワイフ朝の大アミールに対して、アッバース朝カリフの権威の正統性を主張するためであった。したがってマーワルディーはイマーム職が必要であることを認めたうえで、この職はイマームとジャマーア（信徒の共同体）との契約によって保たれていると考える。「第二のムハンマド」の異名をもつ思想家ガザーリーも、同じくカリフ職の必要性を認め、さらにこのカリフに忠誠を誓うスルタンに対しても、カリフに対してと同じように服従しなければならないと説いている。

さらにマムルーク朝時代の法学者イブン・ジャマーア（一二四一—一三三三年）は、権威の存在は無政府状態に優るとして、たとえ政権の簒奪者であっても、カリフに忠誠を誓う限り、その権威は合法であると主張する。しかもマーワルディーとは異なり、イマームは共同体との契約すら不必要とみなした。また遊牧民の「血縁意識」（アサビーヤ ʿaṣabiya）を「連帯意識」と解釈し直し、これをキーワードとして独自な国家論を展開したイブン・ハルドゥーンも、カリフ制から君主制（ムルク）へと転換した一〇世紀以降の現実を承認し、君主制のなかにもシャリーアが生きていることを論じた。

以上に要約した四人の思想家を比べてみれば、理想論から現実論への傾斜を明瞭にみてとることができよう。イブン・ハルドゥーンを含め、権力を必要悪として認める点では皆一致しているが、権力容認の程度は時代を経るにしたがって強まっていった。マンサブの獲得に意欲を燃やす大方のウラマーも、このような政治思想の流れが行き着く渦中に位置していたのである。

しかし、ウラマーがこのような現実にとらわれていたにせよ、彼らはファトワー（法的見解）を出し、モスクや集会で説教を行い、あるいは学院で教鞭をとることによって、地域社会の世論を導くことができた。J・バーキーが述べるように、イスラーム社会では、教義の解釈や生活の規範について、これに最終的な判断を下す権威や機関は存在しなかったから、ウラマーによる意見の表明や相互の論争を通じて、規範や伝統が形づくられてきたからである(Berkey, 2001, p.94)。

具体的な例をひとつあげてみよう。シリア西北部の山岳地帯に住むヌサイリー Nuṣayrī 教徒(現代の呼称はアラウィー 'Alawī 教徒)は、シーア派の祖アリーを万物の創造者とする、特異な教義を維持してきた少数派である。これらのヌサイリー教徒に対して、スンナ派のウラマーは、彼らは真のムスリムではないとする見解をくりかえし表明してきた。特に一三一八年、ヌサイリー教徒がマムルーク政権に反旗をひるがえすと、ハンバル派のイブン・タイミーヤ(一二六三—一三二八年)は、「彼らの大半が不信仰者(カーフィル kāfir)である」と厳しく非難するファトワーを出した。またイブン・タイミーヤの思想に共鳴するイブン・カスィール(一三〇〇—七三年)も、この反乱の指導者について、「外道に迷ったこの男は、復活の日には、いち早く地獄の業火に苦しむことになろう」と述べている(佐藤、一九八九年、一三一—一三三頁)。スルタン・ナースィルは、ウラマーがつくり出すこのような「世論」におされて、ヌサイリー教徒に固有な入信式を禁止する布告を発し、彼らの反発を招く結果をもたらしたのである。

スーフィー聖者と民衆

ウラマーたちの学問的努力によって、九世紀頃までにはイスラームの神学や法学が高度な発達をとげ、神の唯一性(タウヒード)の理論も精緻に整えられた。信仰生活の基本となる六信・五行の規定が整備されたのもこの頃のことである。しかし一般のムスリムにとって、信仰は理屈ではなく、神はもっと身近に感じられるはずのものであった。前述のように、イスラーム社会には、商売による富の獲得と神への信仰とは矛盾しないとする倫理が存在したことは事実である。しかしその一方で、王侯や町の富裕者が贅沢三昧の生活を送っていることに疑問を覚える人たちも少なからずあった。彼らは羊毛の粗衣(スーフ ṣūf)を身にまとい、禁欲と清貧のうちに神への愛を深め、修行によって神との一体感を得ようと努めた。これがイスラームの神秘主義者(スーフィー ṣūfī)である。

R・A・ニコルソンが述べるように、最初期のスーフィーたちは、神秘家であるよりは、むしろ禁欲主義者・静寂主義者であった。彼らは、コーランに描かれた最後の審判や地獄の業火に恐れおののき、現世を逃れて、ひたすら神の救済を求めたのである(Nicholson, 1914, p.4)。このような「神への畏れ」の気持ちを脱却して、新しく「神への愛(マハッバ maḥabba)」の観念を説いたのが、バスラで清貧と敬神の生活を送った女性の思想家ラービア Rābiʿa al-ʿAdawiya(七一四―八〇一年)であった。アッタール(一一九〇年あるいは一二二〇年没)の『神秘主義者列伝』には、次にようなラービアの言葉が記されている。

神よ、もし明日、私を地獄に送るならば、私は叫び声をあげます。あなたを愛し、恋してきたのに、恋する者にこの扱いをなさるのでしょうか、と。

天の声がした。

「ラービアよ、我を悪意で見るでない――よく見るがよい、我はおまえを、我に話しかけるように我が友たちの近くにつれてゆくであろうから」（藤井守男訳、一九九八年、八二頁）。

彼女の、ただ無心に「神を愛し、恋してきた」とする考えは、周囲の人びとに強烈なインパクトを与えた。禁欲主義から神秘主義への転換は、「神への愛」を説いたこのラービアに始まったといってもよいであろう。

　イスラームの神秘主義（タサウウフ taṣawwuf）は、感性に訴えて神の存在を身近に知ることを本質としていたから、しだいに民衆の心をとらえていった。しかし一〇世紀以降、神秘主義が民間に流行しはじめると、スンナ派のウラマーは、これを正しい信仰の道から逸脱するものであるとして厳しく弾劾した。ところが、このようなウラマーの批判にもかかわらず、その後も神秘主義への共鳴者は着実に増大していった。そしてガザーリーが神秘主義こそ信仰の基礎であると表明したことによって、神秘主義はようやくイスラーム信仰のなかに正統な地位を占めることになったのである（中村、二〇〇二年、八五―八六頁）。

　在家の神秘主義者たちは、仕事を終えると夜間に修道所（ハーンカー khānqāh、ザーウィヤ zāwiya、リバート ribāṭ）へ集まり、ここで先達の指導者に導かれて、神との一体感を求める修行をくりかえした。そして一二世紀以降になると、これらの指導者を聖者（ワリー walī）としてあがめる教団（タリーカ ṭarīqa）が各地に結成されるようになった。

　最初の教団はバグダードに成立したカーディリー教団であり、やがてこの教団の組織はシリア、エジプト、アフリカ、インドへと拡大していく。一三世紀になると、中央アジアにメウレウィー教団、インドにチシュティー教団、北アフリカにシャージリー教団などが結成され、神秘主義教団の活動は最盛期を迎えた（タリーカの成立と展開については、Trimingham, 1971 を参照）。また一五世紀には、エシュレフオウル Eşrefoğlu Rumi（一四六九年没）によって、先のカーディリー教団の支部がアナトリアのイズニクにつくられた。イズニクの町を訪ねてみると、エシュレフオウルの墓に参拝する老人が幾人もおり、この偉大な神秘主義者に対する敬慕の念が今でもなお生き続けているのを知ることができる。

神秘主義の拡大に伴って、各地の都市や農村には、教団の聖者以外にさまざまな聖者が登場してきた。これらの聖者は神から特別の恩寵（バラカ baraka）を授かったとされ、人びとの願い事を神にとりつぐ仲介者の役割を果たした。男女の信者は近くにある聖者の墓に参詣（ズィヤーラ ziyāra）し、安産や蓄財や病気の治癒、あるいは旅の安全などを聖者にお願いしたのである。聖者の墓への参詣が盛んになると、各地の参詣地（マザール mazār）を案内する「参詣の書」が著わされるようになる。その最初の著作が、ハラウィー（一二一四年没）の『参詣指南の書』*Kitāb al-Ishārāt ilā Ma'rifat al-Ziyārāt* であった。ハラウィーは自ら禁欲家としての生活を送り、イスラーム世界の聖地や墓所を巡り歩いた末に、アイユーブ朝治下のアレッポでこの案内書を執筆したといわれる。

いっぽう、神秘主義教団の活動は、イスラームを都市や農村の底辺にまで浸透させたばかりでなく、中央アジア、中国、インド、東南アジア、アフリカの各地にイスラームを広めるうえでも大きな役割を果たした。聖者崇拝を核とするイスラーム神秘主義は、これらの地域の習俗に触れれば、これと容易に結びつく性格を備えていたからである。今でもこれらの地域のイスラームには、神秘主義の雰囲気が濃厚に残っている。

聖者を愛したスルタンたち

このように神秘主義が民間に浸透すると、スルタンやアミールは彼らのための修道所を各地に営み、ワクフ waqf を設定してその収入から管理・維持費を捻出した。イブン・ジュバイルも、その『旅行記』のなかで、アイユーブ朝時代のシリアでは、「モスク・学院・修道所などが新しく建てられると、スルタン〔サラディン〕はそれにワクフを割り当て、それによってその施設やそこに住む人びと、その管理人などを支えるのである」と述べている（藤本・池田監訳、一九九二年、二七〇頁）。

またマムルーク朝時代のエジプトでは、ナイルの増水不足が深刻なときには、ナイル河岸やカイロ郊外の砂漠で増水祈願のための集団礼拝が行われた。人びとはコーランやハディースを読誦し、礼拝をくりかえして神に増水を祈願したが、時には法学者やスーフィーばかりでなく、スルタンがスーフィーの出立ちでこの礼拝に加わることがあった（ʻĀshūr, 1962, p.198）。これはスルタンが一時的に神秘主義者へと変身し、その立場から神への祈願（ドゥアー duʻāʼ）を行ったことを意味しているのであろう。いずれにせよ、民間における神秘主義の流行は、こうしてスルタンをも巻き込む事態へと発展していったのである。

ここで、私が今取り組んでいる聖者イブラーヒーム・ブン・アドハム（七七七／八年没）の事例を取りあげてみることにしよう。ホラーサーン地方の町バルフに生まれたアラブ人イブラーヒームは、故郷を後にしてからイラクやシリアの山野を放浪し、敬神と礼拝の生活を続けながら、ビザンツ帝国との戦いにも参加し、八世紀後半にシリアの海岸地帯か、あるいは地中海の島で没したとされている。その没後、一〇世紀頃からイブラーヒームの伝説化がはじまり、一一世紀半ば頃までには、バルフの王侯として贅沢三昧の生活を送っていたイブラーヒームが、あるときこれを戒める神の声を聞いて改心し、家族や財産や地位を捨てて放浪の旅に出るという伝説ができあがった。シリア海岸の町ジャバラに墓所が設けられ、ここにモスクが建てられたのは、これよりさらに遅れて一四世紀半ば頃のことである（佐藤、二〇〇一年、一二三頁、八六―九九頁）。

イブラーヒーム伝説がシリアの各地に広まると、人びとはジャバラの墓所にお参りして、この聖者の遺徳にあずかろうと考えた。旅行家イブン・バットゥータもそのひとりであり、一三二六年にジャバラへ参詣したときの様子を以下のように記している。

イブラーヒーム・ブン・アドハムの墓の傍らには、立派なザーウィヤがあり、そこには水の湧き出る泉がある。そのザーウィヤでは、街道を往く人びと（旅人）に〔無料で〕食料が提供される。その管理人イブラーヒーム・アルジュマヒーは、敬虔な神への帰依者たちのひとりである。シャーバーン月中旬になると、シリアの全地方から人びとがこのザーウィヤを目指して集まり、三夜にわたって、ここに滞在する。この期間、町の郊外では大市が開かれ、この市にはあらゆるものが揃っている（『旅行記』I, p.176；家島訳、一九九六年、一二三頁、一部改訂）。

この記述によれば、イブラーヒームの墓所にはまだモスクはなく、修道所（ザーウィヤ）だけがあったことになる。しかし参詣の季節になると、シリア全域から信者たちが集まり、当時のジャバラはすでに「参詣（ズィヤーラ）の町」としての性格を帯びはじめていたことがうかがわれる。

マムルーク朝末期のスルタン、カーイト・バイ（在位一四六八―九六年）も、イブラーヒームの墓所に参詣したことが知られている。この当時、アナトリアではコンスタンティノープルを手中にしたオス

図 15　イブラーヒーム・ブン・アドハムの墓. ジャバラ, スルタン・イブラーヒーム・モスク内.

マン朝が強国へと成長し、エジプト・シリアを領有するマムルーク朝にとっても不気味な存在となっていた。このような情勢のなか、カーイト・バイが北方領土の視察をかねてシリアを旅したのは、一四七七年のことであった。カイロを出発したのは同年九月九日、随行者は七名のアミールと二五騎のマムルーク、それと一〇名ほどの役人だけに限られた。一行はガザ、サファド、バールベック、トリポリ、バーニヤースをへてジャバラにいたり、さらにアンティオキア、ビーラ、アレッポ、ヒムス、ダマスクスの諸都市を巡って、翌年の一月九日にカイロへ帰還した。秋から冬にかけて、四カ月と五日の旅であった（佐藤、二〇〇一年、一六五—一六六頁）。

この小旅行に随行した者のなかに、書記としてスルタンに仕えていたイブン・アルジーアーン（一四九七年没）がいた。彼は、カイロに戻ると、旅行の記録を一冊の書物にまとめてスルタンに提出した。これが『カーイト・バイの旅行記』*al-Qawl al-Mustaẓraf* である。この旅行記のなかで、スルタンのジャバラ参詣は以下のように記されている。

それからスルタンは、タルスース、マルカブ、バーニヤース——これらはすべて地中海岸の村〔カルヤ〕である——を通過し、ジュマーダー二月二六日〔一四七七年一〇月五日〕土曜日に海岸にあるジャバラに到着した。スルタンはここでシャイフ・イブラーヒーム・ブン・アドハム——神よ、彼に慈悲をたれ給え——〔の墓〕にお参りした。ジャバラは小さな町であり、そこの住民は家畜のようなものである（『カーイト・バイの旅行記』p.57）。

ここには、田舎の住民に対するカイロ知識人の優越感が露骨に示されているが、それはともかくとして、スルタン自身がイブラーヒームの墓に参詣したという事実が重要である。私たちは、スルタンによる聖者廟への参詣の意味をどのように解釈したらいいのだろうか。

第三章で述べたように、マムルーク出身のスルタンやアミールが、モスク、市場、隊商宿、病院、学院、修道所などを競って建設したのは、マスラハ（公共の利益）の推進者であることを公に示すことによって、政権の正統性を獲得するためであった。この意味で、マムルークたちは、現地のムスリムにとっては、自分たちが「よそ者の支配者」であることを十分に自覚していたのだといえよう。マスラハの増進に努めれば、商人やウラマー、さらにはスーフィーたちの支持を取り付ける可能性がそれだけ強まったに違いないからである。

しかし、スーフィーの聖者廟に参詣するスルタンの行動は、政権の正統性獲得の面からだけでは十分に説明できないように思われる。カーイト・バイのジャバラ参詣については前述したが、H・ハレンベルクは、同じカーイト・バイがダスーク(下エジプト西部の町)の聖者イブラーヒーム・アッダスーキー(一二五五頃―九九年)を敬愛し、彼のために複合的な宗教施設を建設した事例を紹介している(Hallenberg, 2000, pp.147-166)。また、対十字軍戦争の英雄バイバルスも、聖者アフマド・アルバダウィー(一二〇〇頃―七六年)を心から敬愛し、自らタンター(下エジプト中部の町)を訪れてその足下に接吻したと伝えられる。バダウィーは、異教徒や敵対者には強力な霊力(バラカ)を発揮するとの評判がすこぶる高い聖者であった。さらにマムルーク朝末期のスルタン・ガウリー(在位一五〇一―一六年)は、オスマン朝との戦いを前にして、バダウィーの後継者(ハリーファ)に遠征への同行を熱心に要請した。歴代のハリーファは、初代の聖者バダウィーから、同じように強力なバラカを受け継いでいるとみなされたのである。いっぽう、後期マムルーク朝を開いたスルタン・バルクークは、「余が死んだときには、余が敬愛する聖者の足下に葬るようにせよ」との遺言を残したという(佐藤、二〇〇一年、一七〇―一七二頁)。

これらの事例から知られるのは、何人ものスルタンが、政治家としてばかりでなく、一信者としても、好みのタイプのスーフィー聖者に傾倒していたという事実である。一〇世紀以降、神秘主義を熱烈に受け入れたのは一般のムスリムであったが、一三世紀以降になると、スルタンやアミールのなかにもスーフィー聖者を愛する者が現れるようになった。ジャバラを訪れたカーイト・バイも、公人として北方領土の視察を行うと同時に、私人としては聖者スルタン・イブラーヒームを敬愛し、その墓に参詣するスルタンだったのである。

エピローグ――カリフ・スルタン・シャー

「スルタン・カリフ制」の虚実

一五一六年八月二四日、セリム一世(在位一五一二―二〇年)の率いるオスマン軍とガウリー(在位一五〇一―一六年)の率いるマムルーク軍は、アレッポ北方のマルジュ・ダービクで衝突した。はじめ勝敗の行方は分からなかったが、オスマン朝側と通じていたアレッポ総督、ハーイル・バイの戦線離脱によって、マムルーク軍は総崩れとなり、スルタン・ガウリーも戦いの最中に脳卒中の発作を起こして死亡した。セリムは無血のうちにアレッポを支配下に収め、同年一〇月一〇日にはシリアの州都ダマスクスに入城した。

カイロでは、病死したガウリーの後を受けて、その甥のトゥーマーン・バイ(在位一五一六―一七年)が新スルタンに就任した。いっぽうダマスクスに止まっていたセリムは、まもなくシリアからエジプトへの進軍を決意し、シナイ半島を渡って一五一七年一月二三日にマムルーク軍の抵抗を排してカイロ入城を果たした。翌一月二四日の金曜日、カイロのモスクでは、トゥーマーン・バイにかわってセリムの名がフトバに読み込まれ、マムルーク朝の主権は消滅した。四月三日、ギザの戦いでふたたび敗れたトゥーマーン・バイは、オスマン軍に捕らえられ、ズワイラ門で絞首刑に処せられた。イブン・イヤース(一五二四年頃没)の年代記は、オスマン軍の占領に抗議するカイロの民衆は、誰ひとりとしてこの年の「預言者の生誕祭」(ラビー一月一二日)を祝おうとはしなかったと伝えている(『時代の出来事の精華』V, p.172)。

シリア・エジプトの征服につづいて、両聖都(メッカ・メディナ)の保護権を獲得したセリム一世は、一五一七年九月、アッバース朝のカリフ・ムタワッキル以下、数千におよぶエジプト人のアミール、行政官、書記、商人、職人、ウラマーを伴ってイスタンブルに帰還した。このエジプト人の連行について、先のイブン・イヤースは次のように述べる。

数千にのぼるエジプトの民がイスタンブルに向かった。この事実は神がもっともよく知り給う。彼らのなかには、女性やいたいけな乳飲み子も含まれていた。古代以来、エジプトの民がこれほどの辛酸をなめたことはなかった。古い歴史書のなかでも、同様のことを見たことはない。しかしオスマンの息子(セリム)がエジプトへ来たことによって、利益をあげる貴顕の人びともいた。人びとの災難は、いつも他の人びとの利益と隣り合わせなのだ(『時代の出来事の精華』V, p.232)。

これらのなかには、かなりの数の行政官、書記、ウラマーなどが含まれていたはずであり、彼らがオスマン朝の行政改革や文化活動に与えた影響も少なくなかったと思われる。またカリフの行方についてみると、ムタワッキルは数年間イスタンブルに幽閉されたが、一五二〇年にスルタン・セリムが没すると、許されてエジプトに帰還した。かつては、エジプトを征服したセリム一世はカリフ・ムタワッキルからカリフ位を譲り受け、これによって一六世紀はじめに「スルタン・カリフ制」が成立したと説かれてきた。しかしT・アーノルドが述べるように、同時代の歴史書には、オスマン朝のスルタンがアッバース朝のカリフ位を継承したとする事実はどこにも記されていない(Arnold, 1924, p.143)。やはりマムルーク朝の滅亡とともに、カイロのアッバース朝カリフもいったんは消滅したと考えるべきであろう。

一七七四年、オスマン朝とロシアとの間に締結されたキュチュク・カイナルジャ条約は、クリミア・ハーン国の自立や黒海の自由航行権の承認、あるいはオスマン朝領土の割譲など、ロシアのオスマン朝領域への進出に有利な足がかりを与える結果となった。いっぽう、このように有利な条約を結んだロシアは、その見返りに、オスマン朝のスルタンに対し「ムスリムのカリフ」としても一定の権限をもつことを承認した。この見解は、当初、ウラマーたちの賛同は得られなかったものの、これ以後オスマン朝のスルタンは、一五一七年の時点ですでにエジプトのカリフ位を継承しており、それゆえにスルタン・カリフ制は正統だとする主張を展開しはじめた(Shaw, 1976, p.85)。一九世紀になると、この見解はオスマン朝の内外で広く受け入れられ、アフガーニー(一八三八/九―九七年)らが説く汎イスラーム主義の支柱とみなされるようになった。

しかしトルコ革命が起こると、共和国の建設をめざすケマル・パシャ(一八八一―一九三八年)は、一九二二年にスルタン制を廃止し、つづいて二四年には大国民会議を開いてカリフ制の廃止決議を導いた。預言者ムハンマドの没後に成立したカリフ制は、アッバース朝とマムルーク朝の滅亡後は、それぞれ一時的に中断したが、七世紀から二〇世紀はじめまでを通算すれば、一二九〇年余にわたって存続したことになる。

サファヴィー朝のシャー

ティムール朝(一三七〇―一五〇七年)が分裂・衰退したあとのイランでは、一五〇一年、クズルバシュ(紅帽)軍を率いた神秘主義教団の長イスマーイール(在位一五〇一―二四年)が、アクコユンル朝軍を破ってタブリーズに入城し、サファヴィー朝(一五〇一―一七三六年)の建国を宣言した。クズルバシュ軍は、神秘主義の教団員であると同時に、トルコマン系の遊牧民でもあった。したがって建国当初のサファヴィー朝は、カラコユンル朝やアクコユンル朝など、先行するトルコマン系の王朝と根本的な違いはなかったといえよう(永田編、二〇〇二年、一九四―一九五頁)。

しかしサファヴィー朝の建国に当たっては、イスマーイールが神秘主義教団の長(シャイフ shaykh)としてトルコマン系の遊牧民を組織したことが特徴であった。サファヴィー教団の祖となるサフィー・アッディーン(一二五二―一三三四年、サファヴィーとは「サフィー家の人びと」の意味)は、カスピ海西南部に拠点をおくクルド系のスンナ派スーフィーの組織に属していた。ところが一五世紀になると、サファヴィー家のジュナイドは、シャーマニズムを信奉するトルコマン系遊牧民を引きつけるために、シーア派の初代アリーを神格化する過激な教えを説き、これを機にサファヴィー教団はスンナ派からシーア派へと大きく旋回していくことになる(Morgan, 1988, pp.107-111)。

タブリーズで建国を宣言したとき、イスマーイールはそのモスクで十二イマーム派を自らの宗教とすることを表明したといわれる。第一章で述べたように、十二イマーム派は、アリーから長男のハサンをへて第三代のフサインからその男系子孫にイマーム位が受け継がれたと主張する。しかしイスマーイールが十二イマーム派を採用した時点でも、彼とその配下のクズルバシュは、討ち取った敵の武将の髑髏で酒を飲むなど、「正統なイスラーム」からはかなり逸脱する行動をとっていた。レバノン、イラク、バハレインなどからシーア派のウラマーを招き、十二イマーム派にかんする彼らの研究・教育活動が実を結びはじめるのは、一六世紀末以降のことであった。

イランを統一したサファヴィー朝の君主は、古代ペルシアやブワイフ朝時代の伝統を継承して、シャー shāh と称した。D・モルガンによれば、シャー・アッバース二世の時代(在位一六四二—六六年)に、シーア派のウラマーは、「現世の最高位はムジュタヒドに属するが、聖性と最高の知を有するムジュタヒドは必然的に平和を好むので、彼にかわって武力を行使し、正義を行う王がいなければならない」と説いたという(Morgan, 1988, p.147)。これが事実であるとすれば、サファヴィー朝のシャーは、イマームの代理であるムジュタヒドにかわって、王国の統治を担当する存在として位置づけられていたことになる。

この時代のシャーは、預言者ムハンマドの血を引くサイイド sayyd であると自認し、このことを政権の正当化のために利用していた。そうだとすれば、サファヴィー朝の政治思想のなかで、現実の王であるシャーと貴種を誇るサイイド、あるいは宗教的な指導者であるムジュタヒドは、いったいどのような関係にあったのだろうか。この問題については、歴史の具体例にもとづいてさらに検討する余地を残しているように思われる。いずれにせよ、シャーは、サファヴィー朝の滅亡後も、カージャール朝(一七九六—一九二五年)やそれにつづくパフラヴィー朝(一九二五—七九年)において、君主だけに適用される称号として使用されつづけたのである。

アジア・アフリカのスルタンたち

イスラームが東南アジアに伝播し、現地の社会に定着しはじめたのは、一三世紀末のことであった。イスラーム化を促す要因は、ムスリム商人の影響、スーフィー教団員の布教活動、土着権力者の改宗による利益の追求、カースト制度の桎梏からの解放を求める民衆の願望などさまざまであり、それらが相互に影響し合った結果であったとされている（中村、一九九一年、一九四頁）。

弘末雅士によれば、北スマトラの港市国家パサイは、胡椒の輸出によって一四・一五世紀に最盛期を迎えたが、『王国物語』が伝えるパサイのイスラーム化の過程は、おおよそ以下のようである。

サムドラ（スマトラ）の王（ラジャ）メラ・シルは、夢のなかで預言者ムハンマドと会い、自らがすでにムスリムであり、今後はスルタン・マリクル・サレーと名乗るべきことを告げられた。夢から覚めると、彼はすでに割礼されており、メッカからの使節が到来すると、夢のお告げに従ってイスラームに改宗し、スルタン・マリクル・サレーを称した（弘末、二〇〇三年、九―一五頁）。

マラッカ王国（一四〇〇頃―一五一一年）の由来をつたえる『ムラユ王統記』にも、ある夜ラジャが夢のなかでムハンマドに会い、信仰告白を唱えることを命じられ、目覚めてからそのお告げに従ってイスラームに改宗し、スルタンを名乗った話が語られている。中村光男によれば、これらの改宗神話はマレー世界におけるイスラーム化過程に共通する特徴を備えていたのだという。つまり、軍事的な征服や大量の移民があったのではなく、既存の王国全体が王を頂点としてイスラームに改宗したことがそれである（中村、一九九一年、一九五―一九六頁）。

また、これらの建国神話は、イスラームへの改宗にともなって、王の称号がラジャからスルタンへと変化していったことを示している。前述のように、パサイとマラッカの場合には、ラジャは夢のお告げに従ってスルタンを称した。しかし一七世紀になると、ジャワのバンテン、マタラム、マカッサルのラジャたちは、いずれもオスマン朝治下のメッカに使節を送り、聖地の守護者シャリーフ（ムハンマドの子孫）からスルタンの称号を与えられた（弘末、二〇〇三年、四七頁）。ただ東南アジアの歴史のなかでは、ムスリム諸国の王がスルタンを称するようになってからも、ラジャは王族を指す用語として使用されつづけたという。

いっぽうアフリカ大陸でも、イスラームの浸透につれてスルタンの称号も一般化したが、事態は東南アジアより複雑であった。たとえばナイジェリアのハウサには、一四世紀ごろまでに七、八の小国家が建設されたが、それぞれの王はスルタンと同時にアミール・アルムーミニーン（信徒の長）を名乗ったとされている。マリ帝国の王マンサー・ムーサー（在位一三一二―三七年、マンサーは「王」の意味）は、一三二四年、メッカ巡礼の途次マムルーク朝の首都カイロに立ち寄り、ここで大量の金を消費して、「黄金の国マリ」の名をアラブ・イスラーム世界に喧伝する役割を果たした。アラブの史料はマンサー・ムーサーを「タクルール地方の王 Malik al-Takrūr」と呼ぶが（マクリーズィー『諸王朝の知識の旅』II, p.255）、帰国後の王がアラブ世界での経験を生かして、マリク、あるいはスルタンを称したかどうかは不明である。

一六世紀に西アフリカ最大のイスラーム国家となったソンガイ帝国では、王は「ハリーファト・アッスルターン（スルタンの代理）」の意味で「コイ・バナンディ」の称号を用いていたとされている

（*EI*. new ed., Songhay）。アスキヤ朝（ソンガイ帝国の一王朝）初代の王ムハンマド・トゥレ（在位一四九三—一五二八年）は、一四九六／七年にメッカ巡礼を行い、そのときメッカのシャリーフから「タクルールの王」の称号を贈られた（Bosworth, 1996, p.125）。これは、マクリーズィーがマンサー・ムーサーに対して用いていた称号と同じである。また、このとき立ち寄ったカイロで、トゥレはアッバース朝のカリフから「アミール」の称号も与えられている。

東南アジアと同様に、アフリカの場合にも、メッカのシャリーフやカイロのアッバース朝カリフから贈られる種々の称号は、現地社会での王権の安定と強化にさまざまな形で利用されたのであろう。この点に注目すれば、スルタン、マリク、アミールなど王権の称号の授受によっても、一六世紀以後のイスラーム世界は依然として内的な絆で結ばれていたことになる。

あとがき

本書は、これまでに発表したふたつの論考がもとになっている。ひとつは「イスラーム国家論――成立としくみと展開」(『岩波講座　世界歴史10　イスラーム世界の発展』一九九九年)であり、他のひとつは「イスラームの国家と王権」(『岩波講座　天皇と王権を考える1　人類社会の中の天皇と王権』二〇〇二年)である。本書の題名には、後者の論文の題名をそのまま採用することにした。「イスラームの国家と王権」、これが現在の私の問題関心にいちばんぴったりすると考えたからである。

ただ、本書の成り立ちからいえば、前者の「イスラーム国家論」の方がより重要な意味をもつものといえよう。この論文を執筆したときには、何人かで七―一六世紀の「イスラーム世界の発展」を考察する前提として、私なりの「イスラーム国家論」をまとめてみようと考えていた。「私なりの国家論」とは、カリフやスルタンの権力論だけではなく、社会秩序を維持し、人びとの意識を糾合して国家を運営していく「しくみ」を明らかにすることが目的であった。

このような意図のもとに執筆された「イスラーム国家論」は、従来の権力論や国家構造論とは異なり、「イスラーム国家のしくみと展開」をさまざまな側面から多角的に解明する試みとして、好意的に受け止められた。これに力をえて前記の「イスラーム国家論」を大幅に増補・改訂したのが本書である。もとの記述をそのまま踏襲している部分もあるが、多くの論点は新しいアラビア語史料や最近の研究成果を加えて随分と書き改められている。

本書を構成するうえで苦労したのは、時代区分の問題であった。とりあえず七―一〇世紀を「初期イスラーム時代」、一〇―一六世紀を「後期イスラーム時代」として叙述したが、この区分によれば、それ以後の一六―一九世紀はどのような時代として位置づけられるのかという問題が残ることになる。結論からいえば、この問題には明確な答えを出さないまま、本書を執筆したことになる。オスマン朝時代のカリフ・スルタン問題自体はエピローグでも取りあげたが、イスラーム史のなかでこの時代を「中世」と考えるか、「近代」と考えるかについては、現在でも論争があり、さまざまに見解が分かれているからである。エジプトの学界についていえば、若い世代の間では、一六世紀以降もなお「中世」とみなす見解が有力なのだという。

二〇〇三年五月にシカゴ大学でマムルーク朝研究にかんする小さな国際会議が開かれた。このとき、カリフォルニア大学サンタ・バーバラ校のS・ハンフリーズ教授は、近年のマムルーク朝研究を回顧して、「研究は多様化したけれども、まだ総合的なマムルーク朝国家論は提出されていない」と述べておられた。近いうちに、本書で述べたマムルーク朝の国家と王権を題材にして、海外の友人たち、とくにアイユーブ朝やマムルーク朝を専門とするアラブ・中東世界の研究者たちと意見の交換をしてみたいと思っている。

岩波書店の杉田守康さんや川上隆志さんは、先に述べた『岩波講座　世界歴史』の第10巻が刊行されると、すぐに前述の「イスラーム国家論」を一冊の書物にまとめ直すように勧めてくださった。うまくできるかどうか自信はなかったが、その勧めに従って、ともかく関係のアラビア語史料を読み、最近の研究を点検する作業を開始することにした。これが九九年秋のことだったので、それからもう丸四年が経過したことになる。潮が満ちてくるのを感じ、執筆を開始したのは今年の七月はじめであったが、それ以後、杉田さんは原稿をていねいに読み、多くの有益なアドバイスをしてくださった。本書がぶじ誕生したのは、杉田さんが心強い産婆役をつとめてくださったからに他ならない。ここに記して心から感謝いたします。

二〇〇三年一二月二日

佐藤次高

■岩波オンデマンドブックス■

世界歴史選書
イスラームの国家と王権

2004年1月23日　第1刷発行
2015年5月12日　オンデマンド版発行

著　者　佐藤次高《さとうつぎたか》

発行者　岡本　厚

発行所　株式会社　岩波書店
〒101-8002 東京都千代田区一ツ橋2-5-5
電話案内 03-5210-4000
http://www.iwanami.co.jp/

印刷／製本・法令印刷

ISBN 978-4-00-730194-0　　Printed in Japan

史料と参考文献

史料（邦訳は本文中で用いた名称）

Abū Shāma（d.1268）, *Kitāb al-Rawḍatayn fī Akhbār al-Dawlatayn*『ふたつの庭園』vol.I-1/2, Cairo, 1956-62.

Abū ʻUbayd b. Sallām（d.839）, *Kitāb al-Amwāl*『財産の書』Cairo, 1968.

Abū Yūsuf（d.798）, *Kitāb al-Kharāj*『租税の書』Cairo, 1962.

ʻAṭṭār（d.1190 or 1220）, *Tadhkirat al-Awliyā'*『神秘主義者列伝』2 vols., London, 1905-07. 藤井守男訳『イスラーム神秘主義聖者列伝』国書刊行会，1998年.

Balādhurī（d.ca.892）, *Futūḥ al-Buldān* 花田宇秋訳『諸国征服史』1-22，『明治学院論叢』406-668，1987-2001年.

Bīrūnī（973-after 1050）, *al-Āthār al-Bāqiya ʻan al-Qurūn al-Khāliya*『過ぎ去った世代の遺産』Leipzig, 1923.

Bukhārī（810-870）, *al-Ṣaḥīḥ al-Bukhārī*『真正ハディース集』．牧野信也訳『ハディース』1-6，中公文庫，2001年.

Dimashqī（11 c.）, *Kitāb al-Ishāra ilā Maḥāsin al-Tijāra*『商業指南の書』Cairo, 1900.

Ghars al-Niʻma al-Ṣābī（d.1087）, *al-Hafawāt al-Nādira*『珍しいしくじり』Damascus, 1967.

Ghazālī（d.1111）, *al-Tibr al-Masbūk fī Naṣīḥat al-Mulūk*『王への忠告』Cairo, n. d.; English tr. by F. R. C. Bagley, *Counsel for Kings*, London, 1964.

———, *Kitāb al-Iqtiṣād fī al-Iʻtiqād*『信仰における節制の書』Beirut, 1983.

Ḥākim al-Naysābūrī（d.1014）, *Ta'rīkh Naysābūr*『ニーシャープール史』Cambridge, Mass., 1965.

Ḥamza al-Iṣfahānī（d.971）, *Ta'rīkh Sinī Mulūk al-Arḍ*『高貴な歴史』Beirut, 1961.

Harawī（d.1214）, *Kitāb al-Ishārāt ilā Maʻrifat al-Ziyārāt*『参詣指南の書』Damascus, 1953.

Hilāl al-Ṣābī（d.1056）, *Rusūm Dār al-Khilāfa* 谷口淳一・清水和裕監訳『カリフ宮廷のしきたり』松香堂，2003年.

Ḥusaynī（d.after 1225）, *Zubdat al-Tawārīkh*『歴史の精髄』Beirut, 1985.

Ibn ʻAbd al-Ẓāhir（d.1292）, *al-Rawḍ al-Zāhir fī Sīrat al-Malik al-Ẓāhir*『輝く庭園』

Riyad, 1976.

Ibn ʻAsākir（d.1176）, *Taʼrīkh Madīnat Dimashq*『ダマスクス史』facsimili ed., 19 vols., Damascus, n. d.

Ibn al-Athīr, *al-Kāmil fī al-Taʼrīkh*『完史』12 vols., Leiden, 1853. repr. Beirut, 1965-66.

Ibn Baṭṭūṭa（1304-68/9 or 77）, *Tuḥfat al-Nuẓẓār fī Gharāʼib al-Amṣār*『旅行記』4 vols., Paris, 1854. repr. Paris, 1969. 家島彦一訳『大旅行記』全 8 巻，平凡社，1996-2002 年

Ibn Buṭlān（d.1066）, *Risālat Jāmiʻa li-Funūn Nāfiʻa fī Shirā al-Raqīq*『奴隷購入の書』ʻAbd al-Salām Hārūn（ed.）, *Nawādir al-Makhṭūṭāt*, vol.1, Cairo, 1972, pp. 351-389.

Ibn al-Dawādārī（14c.）, *Kanz al-Durar wa-Jāmiʻ al-Ghurar*『真珠の宝庫』vol.7, Cairo, 1972.

Ibn Duqmāq（d.1406）, *al-Jawhar al-Thamīn fī Siyar al-Khulafāʼ wal-Mulūk wal-Salāṭīn*『高価な宝石』2 vols., Mecca, 1982.

Ibn al-Furāt（1334-1405）, *Taʼrīkh al-Duwal wal-Mulūk*『諸国家と諸王の歴史』vols. 7-9, Beirut, 1936-42.

Ibn Ḥajar al-ʻAsqalānī（d.1449）, *al-Durar al-Kāmina fī Aʻyān al-Miʼat al-Thāmina*『隠れた真珠』5 vols., Cairo, 1966-67.

Ibn Isḥāq（d.ca.767）, *Sīrat Rasūl Allāh*『ムハンマド伝』English tr. by A. Guillaume, *The Life of Muhammad*, Karachi, 1955.

Ibn Iyās（d.ca.1524）, *Badāʼiʻ al-Zuhūr fī Waqāʼiʻ al-Duhūr*『時代の出来事の精華』vol.5, Cairo, 1961.

Ibn al-Jawzī（d.1201）, *Kitāb al-Duʻafāʼ*『弱い男たちの書』3 vols., Beirut, 1986.

Ibn al-Jīʻān（d.1497）, *al-Qawl al-Mustaẓraf fī Safar Mawlānā al-Malik al-Asharaf*『カーイト・バイの旅行記』Tripoli, 1984.

Ibn Jubayr（d.1217）, *Riḥlat Ibn Jubayr* 藤本勝次・池田修監訳『旅行記』関西大学東西学術研究所，1992 年.

Ibn Khaldūn（1332-1406）, *Kitāb al-ʻIbar*『考察の書』vol.1（*Muqaddima*）. 森本公誠訳『歴史序説』1-3，岩波書店，1979-87 年.

Ibn Mammātī（d.1209）, *Qawānīn al-Dawāwīn*『官庁の諸規則』Cairo, 1943.

Ibn Muyassar（d.1278）, *Akhbār Miṣr*『エジプト史』Cairo, 1981.

Ibn al-Qayyim al-Jawzīya（d.1350）, *al-Furūsīya*『騎士道の書』Cairo, n.d.

Ibn Shaddād（d.1285）, *al-Aʻlāq al-Khaṭīra fī Dhikr Umarāʼ al-Shām wal-Jazīra*『重要な事ども』vol.2, Damascus, 1963.

Ibn Taghrībirdī（d.1470）, *al-Nujūm al-Zāhira fī Mulūk Miṣr wal-Qāhira*『輝く星』16 vols., Cairo, 1963-72.

———, *al-Manhal al-Ṣāfī*『澄んだ泉』vol.1, Cairo, 1980.

Ibn Ṭiqṭaqā（d.1309）, *al-Fakhrī fī al-Ādāb al-Sulṭānīya*『統治術の栄誉』Beirut, 1966.
Jāḥiẓ（ca.776-868/9）, *Manāqib al-Turk*『トルコ人の美徳』A. M. Hārūn（ed.）, *Rasā'il al-Jāḥiẓ*, vol.3, Cairo, 1979, pp.161-220.
Jahshiyārī（d.942）, *Kitāb al-Wuzarā' wal-Kuttāb*『宰相と書記の書』Cairo, 1938.
Khalīfa b. Khayyāṭ（d.854）, *Ta'rīkh Khalīfa b. Khayyāṭ*『歴史』Najaf, 1967.
Khaṭīb al-Baghdādī（d.1071）, *Ta'rīkh Baghdād*『バグダード史』14 vols., Cairo, 1931. repr. Beirut, n.d. ; Fahāris, Beirut, 1986.
Khazrajī（d.1258）, *Ta'rīkh Dawlat al-Akrād wal-Atrāk*『クルド人の王朝』Istanbul, Suleymaniye Library, MS. Hekimoğlu Ali Paşa 695.
Kindī（897-961）, *Kitāb al-Wulāt*『総督の書』Beirut, 1908.
Lewicka, P. B. *Šāfi' Ibn 'Alī's Biography of the Mamluk Sultan Qalāwūn*, Warsaw, 2000.
Maqrīzī（d.1442）, *Kitāb al-Sulūk li-Ma'rifat Duwal al-Mulūk*『諸王朝の知識の旅』4 vols., Cairo, 1939-73.
———, *Kitāb al-Mawā'iẓ wal-I'tibār bi-Dhikr al-Khiṭaṭ wal-Āthār*『エジプト誌』2 vols., Bulaq, 1270H. repr. Baghdad, 1970.
———, *Kitāb al-Muqaffā al-Kabīr*『大いなる先達の書』8 vols., Beirut, 1991.
———, *Kitāb Ighāthat al-Umma bi-Kashf al-Ghumma*『エジプト社会救済の書』Cairo, 1940. English tr. by A. Allouche, *Mamluk Economics,* Salt Lake City, 1994.
———, *al-Bayān wal-I'rāb 'anmā bi-Arḍ Miṣr min al-A'rāb*『エジプトのアーラーブにかんする解説と分析』Cairo, 1961.
Mas'ūdī（ca.896-956）, *Murūj al-Dhahab*『黄金の牧場』4 vols., Cairo, 1964-67.
Māwardī（d.1058）, *al-Aḥkām al-Sulṭānīya,* Cairo, 1966. 湯川武訳『統治の諸規則』『イスラム世界』19（1981年）, 22（1984年）, 27/28（1987年）, 31/32（1989年）.
Miskawayh（ca.932-1030）, *Kitāb Tajārib al-Umam*『諸民族の経験』2 vols., London, 1920-21.
Nābulusī（d.1261）, *Ta'rīkh al-Fayyūm*『ファイユームの歴史』Cairo, 1898.
Nāṣir Khusraw（d.1061）, *Safar Nāma*『旅行記』Berlin, 1340 H.
Qalqashandī（d.1418）, *Ṣubḥ al-A'shā*『黎明』14 vols., Cairo, 1963.
Shāfi'ī（d.820）, *Kitāb al-Umm*『母の書』8 vols., Cairo, 1961.
Subkī（d.1370）, *Mu'īd al-Ni'am wa-Mubīd al-Niqam*『恩寵の復唱者』Cairo, 1948.
Suyūṭī（d.1505）, *Ḥusn al-Muḥāḍara fī Ta'rīkh Miṣr wal-Qāhira*『講義の魅力』2 vols., Cairo, 1967-68.
———, *Ta'rīkh al-Khulafā'*『カリフ史』Cairo, 1964.
Ṭabarī（d.923）, *Ta'rīkh al-Rusul wal-Mulūk*『使徒たちと諸王の歴史』15 vols., Leiden, 1879-1901. repr. Leiden, 1964.
Tanūkhī（d.994）, *Nishwār al-Muḥāḍara*『逸話集』8 vols., Beirut, 1971-73.

———, *al-Faraj ba'da al-Shidda*『悲しみの後の喜び』2 vols., Cairo, 1955.
Ya'qūbī（d.897）, *Ta'rīkh al-Ya'qūbī*『ヤークービーの歴史』2 vols., Beirut, 1960.
———, *Kitāb al-Buldān*『諸国誌』Leiden, 1967.

参考文献

al-'Alī, Ṣāliḥ Aḥmad, 1953. *al-Tanẓīmāt al-Ijtimā'īya wal-Iqtiṣādīya fī al-Baṣra fī al-Qarn al-Awwal al-Hijrī*, Beirut. 佐々木淑子訳「ヒジュラ一世紀バスラの社会経済制度」『イスラム世界』13(1975年), 15(1977年), 17(1979年).

Alsayyad, N. 1991. *Cities and Caliphs*, London.

'Arīnī, Sayyd. B. 1979. *al-Mamālīk*, Beirut.

Arnold, T. W. 1924. *The Caliphate*, London.

Ashtor, E. 1969. *Histoire des prix et des salaires dans l'Orient médiéval*, Paris.

———, 1972. "Migrations de l'Irak vers les pays méditerranéens," *Annales: ESC*, 27, pp.185-214.

———, 1976. *A Social and Economic History of the Near East in the Middle Ages*, Berkeley.

'Āshūr, Sa'īd A. 1962. *al-Mujtami' al-Miṣrī fī 'Aṣr Salāṭīn al-Mamālīk*, Cairo.

———, 1965. *al-'Aṣr al-Mamālīkī fī Miṣr wal-Shām*, Cairo.

Ayalon, D. 1950. "Studies on the Transfer of the 'Abbāsid Caliphate from Baghdad to Cairo," *Arabica*, 7, pp.41-59.

———, 1951. *L'esclavage du Mamelouk*, Jerusalem.

———, 1961. "Notes on the Furūsīya Exercises and Games in the Mamluk Sultanate," U. Heyd（ed.）, *Studies in Islamic History and Civilization*, Jerusalem, pp.31-62.

———, 1975. "Names, Titles and 'Nisbas' of the Mamlūks," *Israel Oriental Studies*, 5, pp.189-232.

———, 1993. "Some Remarks on the Economic Decline of the Mamluūk Sultanate," *Jerusalem Studies in Arabic and Islam*, 16, pp.108-124.

———, 1999. *Eunuchs, Caliphs and Sultans: A Study of Power Relationships*, Jerusalem.

al-Azmeh, A. 1997. *Muslim Kingship*, London.

Berkey, J. 1992. *The Transmission of Knowledge in Medieval Cairo*, Princeton.

———, 2001. *Popular Preaching and Religious Authority in the Medieval Islamic Near East*, Seattle.

Black, A. 2001. *The History of Islamic Political Thought*, Edinburgh.

Bosworth, C. E. 1996. *The New Islamic Dynasties*, Edinburgh.

Bulliet, R. W. 1979. *Conversion to Islam in the Medieval Period*, Cambridge, Mass.

Busse, H. 1969. *Chalif und Grosskönig: Die Buyiden im Iraq（945-1055）*, Beirut.

Cahen, Cl. 1968. *Pre-Ottoman Turkey*, London.

———, 1977a. *Makhzūmiyyāt*, Leiden.

———, 1977b. *Les peuples musulmans dans l'histoire médiévale*, Damas.
———, 1977c. "L'évolution de l'*iqṭā'* du IXe au XIIIe siècle," *Les peuples musulmans dans l'histoire médiévale*, Damas, pp.231-269.
Chamberlain, M. 1994. *Knowledge and Social Practice in Medieval Damascus, 1190-1350*, Cambridge.
Crone, P. 1980. *Slaves on Horses: The Evolution of the Islamic Polity*, Cambridge.
Crone, P. / M. Hinds, 1986. *God's Caliph*, Cambridge.
Cuno, K. M. 1992. *The Pasha's Peasants: Land, Society, and Economy in Lower Egypt, 1740-1858*, Cambridge.
Dirāsāt 'an al-Maqrīzī, 1971. Cairo.
Dols, M. W. 1977. *The Black Death in the Middle East*, Princeton.
Donohue, J. J. 2003. *The Buwayhid Dynasty in Iraq 334 H./945 to 403 H./1012*, Leiden.
al-Dūrī, A. 1974. *Ta'rīkh al-'Irāq al-Iqtiṣādī fī al-Qarn al-Rābi' al-Hijrī*, Beirut.
Ehrenkreutz, A. S. 1972. *Saladin*, New York.
El-Sāmarrāie, H. Q. 1972. *Agriculture in Iraq during the 3rd Century A.H.*, Beirut.
Ephrat, D. 2000. *A Learned Society in a Period of Transition: The Sunni 'Ulamā' of Eleventh-Century Baghdad*, Albany.
Goitein, S. D. 1955. *Jews and Arabs*, New York.
———, 1966. *Studies in Islamic History and Institutions*, Leiden.
———, 1967-93. *A Mediterranean Society*, 6 vols., Berkeley / Los Angeles.
Gordon, M. S. 2001. *The Breaking of a Thousand Swords: A History of the Turkish Military of Samarra*, Albany.
Grunebaum, G. E. von 1951. *Muhammadan Festivals*, London.
al-Hajji, Ḥayāt N. 1978. *The Internal Affairs in Egypt*, Kuwait.
Hallenberg, H. 2000. "The Sultan who Loved Sufis: How Qāytbāy Endowed a Shrine Complex in Dasūq," *Mamlūk Studies Review*, 4, pp.147-166.
Halm, H. 1991. *Shism*, Edinburgh.
Haneda, M. / T. Miura (eds.) 1994. *Islamic Urban Studies: Historical Review and Perspectives*, London.
Hinz, W. 1955. *Islamische Masse und Gewichte*, Leiden.
Holt, P. M. 1986. *The Age of the Crusades: The Near East from the Eleventh Century to 1517*, London.
———, 1995. *Early Mamluk Diplomacy (1260-1290)*, Leiden.
Humphreys, R. S. 1977. *From Saladin to the Mongols*, Albany.
———, 1991. *Islamic History*, revised ed., Princeton.
Ibrāhīm, R. A. 2002. *al-Mu'jam al-'Arabī li-Asmā' al-Malābis*, Cairo.
Inalcik, H. 1973. *The Ottoman Empire : The Classical Age 1300-1600, London.*

Irwin, R. 1986. *The Middle East in the Middle Ages*, London / Sydney.
Johansen, B. 1988. *The Islamic Law on Land Tax and Rent*, New York.
Kabir, M. 1964. *The Buwayhid Dynasty of Baghdad (334/946-447/1055)*, Calcutta.
Kenedy, H. 1986. *The Prophet and the Age of the Caliphates*, London.
Kennedy, H.（ed.）2001. *The Historiography of Islamic Egypt (c.950-1800)*, Leiden.
Khadduri, M. 1984. *The Islamic Conception of Justice*, Baltimore / London.
Khowaiter, A. 1978. *Baibars The First: His Endevours and Achievements*, London.
Lambton, A. K. S. 1953. *Landlord and Peasant in Persia*, London. 岡崎正孝訳『ペルシアの地主と農民』岩波書店，1976 年.
———, 1965. "Reflections on the IQṬĀ‘," G. Maqdisi（ed.）, *Arabic and Islamic Studies in Honor of Hamilton A. R. Gibb*, Leiden, pp.358-376.
———, 1981. "Reflections on the Role of Agriculture in Medieval Persia," A. Udovitch（ed.）, *The Islamic Middle East, 700-1900*, Princeton, pp.283-312.
Lapidus, I. M. 1967. *Muslim Cities in the Later Middle Ages*, Cambridge, Mass.
Lassner, J. 1970. *The Topography of Baghdad in the Early Middle Ages*, Detroit.
———, 2000. *The Middle East Remembered*, Ann Arbor.
Levanoni, A. 1995. *A Turning Point in Mamluk History: The Third Reign of al-Nāṣir Muḥammad Ibn Qalāwūn 1310-1341*, Leiden.
Le Strange, G. 1900. *Baghdad during the Abbasid Caliphate*, Oxford. repr. New York, 1972.
Lewis, B. 1990. *Race and Slavery in the Middle East*, New York.
Little, D. 1990. "Coptic Converts to Islam during the Baḥrī Mamluk Period," M. Gervers /R. J. Bikhjazi（eds.）, *Conversion and Continuity*, Toronto, pp. 263-288.
Marmon, Sh. E.（ed.）1999. *Slavery in the Islamic Middle East*, Princeton.
Morgan, D. 1988. *Medieval Persia 1040-1797*, London.
Morimoto, K. 1981. *The Fiscal Administration of Egypt in the Early Islamic Period*, Kyoto.
Mottahedeh, R. P. 1980. *Loyalty and Leadership in an Early Islamic Society*, Princeton.
Müller, H. 1977. "Sklaven," *Geschichte der Islamischen Länder*, Leiden, pp.53-83.
Nicholson, R. A. 1914. *The Mystics of Islam*, London. repr. Beirut, 1966. 中村廣治郎訳『イスラムの神秘主義』平凡社，1996 年.
Pellat, Ch.（ed.）1969. *The Life and Works of Jāḥiẓ*, London.
Pipes, D. 1981. *Slave Soldiers and Islam*, New Haven.
Popovic, A. 1976. *La révolte des esclaves en Iraq au IIIe/IXe siècle*, Paris.
Rabie, H. 1972. *The Financial System of Egypt A.H. 564-741/A.D. 1169-1341*, London.
Sabra, A. 2000. *Poverty and Charity in Medieval Islam: Mamluk Egypt, 1250-1517*, Cambridge.
Sāmir, F. 1971. *Thawrat al-Zanj*, Beirut.

Sanders, P. 1994. *Ritual, Politics, and the City in Fatimid Cairo*, New York.
Sato, T. 1997. *State and Rural Society in Medieval Islam: Sultans, Muqta's and Fallahun*, Leiden.
———, 1998. "The Proposers and Supervisors of *al-Rawk al-Nāṣirī* in Mamluk Egypt," *Mamlūk Studies Review*, 2, pp.73-92.
Schacht, J. 1964. *An Introduction to Islamic Law*, Oxford.
Schimmel, A. 1975. *Mystical Dimensions of Islam*, Chapel Hill.
Setton, K. M.（ed.）1969. *A History of the Crusades*, vol. 2, Madison.
Sharon, M. 1983. *Black Banners from The East*, Jerusalem.
———, 1990. *Revolt: The Social and Military Aspects of the 'Abbāsid Revolution*, Jerusalem.
Shaw, S. J. 1976. *History of the Ottoman Empire and Modern Turkey*, vol.1, Cambridge.
Shoshan, B. 1993. *Popular Culture in Medieval Cairo*, Cambridge.
Sourdel, D. 1959-60. *Le Vizirat 'abbāside de 749 à 936*, 2 vols., Damas.
Stillman, N. A. 1979. *The Jews of Arab Lands: A History and Source Book*, Philadelphia.
Tadmurī, 'Umar A. 1978-81. *Ta'rīkh Ṭarābulus*, 2 vols., Beirut.
Thorau, P. 1987. *Sultan Baibars I. von Ägypten*, Wiesbaden. English tr. by P. M. Holt, *The Lion of Egypt*, London / New York, 1987.
Trimingham, J. S. 1971. *The Sufi Orders in Islam*, Oxford.
Udovitch, A.（ed.）1981. *The Islamic Middle East, 700-1900*, Princeton.
Udovitch, A. / R. Lopez / H. Miskimin, 1970. "England to Egypt, 1350-1500: Long-term Trends and Long-distance Trade," M. A. Cook（ed.）, *Studies in the Economic History of the Middle East*, London, pp.93-128.
Wellhausen, J. 1963. *The Arab Kingdom and its Fall*, tr. by M. G. Weir, Beirut.

EI. : The Encyclopaedia of Islam, new ed., Leiden, 1964-2002.
大塚和夫ほか編，2002 年．『岩波イスラーム辞典』岩波書店．
日本イスラム協会監修，2002 年．『新イスラム事典』平凡社．

石黒大岳，2002 年．「ブルジー・マムルーク朝時代におけるナイル満水祭礼の執行者たち」『オリエント』45-1，120-141 頁．
井筒俊彦，1975 年．『イスラーム思想史』岩波書店．
———，1979 年．『イスラーム生誕』人文書院．
———，1983 年．『コーランを読む』岩波書店．
井上浩一，1982 年．『ビザンツ帝国』岩波書店．
———，1989 年．「皇帝賛美と皇帝批判——ビザンツ皇帝論の再検討のために」中村賢二郎編『国家——理念と現実』京都大学人文科学研究所報告，41-85 頁．

大稔哲也, 1993 年.「エジプト死者の街における聖墓参詣――12～15世紀の参詣慣行と参詣者の意識」『史学雑誌』102-10, 1-49 頁.
大原与一郎, 1976 年.『エジプト・マムルーク王朝』近藤出版社.
愛宕あもり, 2003 年.「ハラージュ地の土地所有権について――アブー・ユースフとハッサーフの場合」『関西アラブ・イスラム研究』3, 33-41 頁.
加藤博, 1990 年.「エジプト農民の権力観」『世界史への問い 6　民衆文化』岩波書店, 75-99 頁.
―――, 1993 年.『私的土地所有権とエジプト社会』創文社.
―――, 1995 年.『文明としてのイスラム』東京大学出版会.
―――, 2002 年.『イスラム世界論』東京大学出版会.
ガーバー, H. 1996 年. 黒田寿郎訳『イスラームの国家・社会・法』藤原書店.
私市正年, 1996 年.『イスラム聖者』講談社現代新書.
ギブ, H. A. R. 1967 年. 加賀谷寛訳『イスラム文明』紀伊國屋書店.
―――, 1968 年.『イスラーム文明史』みすず書房.
後藤明, 1991 年 a.『マホメットとアラブ』朝日文庫.
―――, 1991 年 b.『メッカ――イスラームの都市社会』中公新書.
坂本勉, 2000 年.『イスラーム巡礼』岩波新書.
佐藤進, 1969 年.「アカイメネス朝ペルシア」『岩波講座世界歴史』1, 岩波書店, 293-326 頁.
佐藤次高, 1986 年.『中世イスラム国家とアラブ社会――イクター制の研究』山川出版社.
―――, 1989 年.「ヌサイリー教徒の反乱――ジャバラ・1318 年 2 月」『東洋学報』71-1・2, 115-139 頁.
―――, 1991 年 a.『マムルーク――異教の世界からきたイスラムの支配者たち』東京大学出版会.
―――, 1991 年 b.「11～12 世紀シリア地方社会の裁判官」『オリエント』34-2, 1-16 頁
―――, 1996 年.『イスラームの「英雄」サラディン』講談社メチエ.
―――, 1997 年.『イスラーム世界の興隆』中央公論社.
―――, 1999 年 a.「イスラーム国家論――成立としくみと展開」『岩波講座世界歴史』10, 3-68 頁.
―――, 1999 年 b.「イスラームの生活原理と「とき」」『ときの地域史』地域の世界史 6, 山川出版社, 246-282 頁.
―――, 2000 年.「アラブ・イスラーム世界の拡大」『地域の成り立ち』地域の世界史 3, 山川出版社, 18-51 頁.
―――, 2001 年.『聖者イブラーヒーム伝説』角川書店.
―――, 2002 年.「イスラームの国家と王権」『岩波講座天皇と王権を考え

る』1，岩波書店，235-255 頁.
佐藤次高編，1986 年.『イスラム・社会のシステム』講座イスラム 3，筑摩書房.
———，2002 年.『西アジア史 I』世界各国史 8，山川出版社.
佐藤次高ほか，1994 年.『イスラム社会のヤクザ』第三書館.
佐藤次高・岸本美緒編，1999 年.『市場の地域史』地域の世界史 9，山川出版社.
嶋田襄平，1977 年.『イスラムの国家と社会』岩波書店.
———，1978 年.『イスラム教史』山川出版社.
———，1996 年.『初期イスラーム国家の研究』中央大学出版部.
嶋田襄平編，1970 年.『イスラム帝国の遺産』東西文明の交流 3，平凡社.
清水和裕，1998 年.「アッバース朝期法学史料における土地のラカバと用益権」『史淵』135，1-22 頁.
清水宏祐，1972 年.「ブワイフ朝の軍隊」『史学雑誌』81-3，66-91 頁.
———，1986 年.「セルジューク朝のスルタンたち」『オリエント史講座』学生社，7-30 頁.
———，1994 年.「中世イランのヤクザ」(佐藤次高ほか，1994 年，9-61 頁).
竹下政孝編，1995 年.『イスラームの思考回路』栄光教育文化研究所.
永田雄三編，2002 年.『西アジア史 II』世界各国史 9，山川出版社.
中村廣治郎，1997 年.『イスラム――思想と歴史』UP 選書，東京大学出版会.
———，2002 年.『イスラムの宗教思想――ガザーリーとその周辺』岩波書店.
中村光男，1991 年.「東南アジア史のなかのイスラーム」石井米雄編『東南アジアの歴史』弘文堂，189-216 頁.
橋爪烈，2003 年.「初期ブワイフ朝君主の主導権争いとアッバース朝カリフ」『史学雑誌』112-2，60-83 頁.
長谷部史彦，1988 年.「14 世紀末-15 世紀初頭のカイロの食糧暴動」『史学雑誌』97-10，1-50 頁.
———，1990 年.「イスラーム都市の食糧暴動――マムルーク朝時代カイロの場合」『歴史学研究』612，22-30 頁.
畑守泰子，2002 年.「古代エジプトにおける灌漑と王権」『岩波講座天皇と王権を考える』3，岩波書店，41-65 頁.
花田宇秋，1978 年.「ムフタールの反乱(1)」『中央大学文学部紀要』史学科 23，79-97 頁.
———，1979 年.「ムフタールの反乱(2)」『中央大学アジア史研究』3，31-53 頁.
羽田正，1994 年.『モスクが語るイスラム史』中公新書.

———，2002年.「ペルシアと日本の王権と儀礼」『岩波講座天皇と王権を考える』5，岩波書店，199-220頁.
羽田正・三浦徹編，1991年.『イスラム都市研究』東京大学出版会.
弘末雅士，2003年.『東南アジアの建国神話』世界史リブレット72，山川出版社.
藤本勝次，1971年.『マホメット——ユダヤ人との抗争』中公新書.
堀川徹編，1995年.『世界に広がるイスラーム』栄光教育文化研究所.
前嶋信次，1975年.『メッカ』芙蓉書房.
———，1982年.『東西文化交流の諸相』全4巻，誠文堂新光社.
前田徹，1995年.「シュメール王権の展開と家産制」『オリエント』38-2，121-135頁.
———，2003年.『メソポタミアの王・神・世界観』山川出版社.
三浦徹，1997年.『イスラームの都市世界』世界史リブレット16，山川出版社.
宮本正興・松田素二編，1997年.『新書アフリカ史』講談社現代新書.
森本公誠，1975年.『初期イスラム時代エジプト税制史の研究』岩波書店.
屋形禎亮，1969年.「「神王国家」の出現と「庶民国家」」『岩波講座世界歴史』1，岩波書店，55-82頁.
家島彦一，1991年.『イスラム世界の成立と国際商業——国際商業ネットワークの変動を中心に』岩波書店.
———，1993年.『海が創る文明』朝日新聞社.
柳橋博之，1998年.『イスラーム財産法の成立と変容』創文社.
———，2001年.『イスラーム家族法』創文社.
湯川武編，1995年.『イスラーム国家の理念と現実』栄光教育文化研究所.
米田治泰，1977年.『ビザンツ帝国』角川書店.
ローゼンタール，1971年．福島保夫訳『中世イスラムの政治思想』みすず書房.